はじめに

「学校の勉強が難しい」と感じている子どもは、どのくらいいるのでしょうか。文部科学省が2012年に行った調査によると、通常学級の中で学習に困難さをもつ児童・生徒の割合は6.5％と言われており、近年は、学校の中でもそういった子どもへの理解が深まり、支援が広がっています。しかし、それでもまだ、クラスの中にはSOSを発信できず、一人で困っている子どもがたくさんいるのではないかと感じています。

勉強について、「面倒くさい」「やりたくない」と言う子どもの背景には、読み書きや計算の苦手さや困難さがあるのかもしれません。そのような子どもの学びに必要なのは、その子の「得意なこと」「苦手なこと」が理解され、ていねいにサポートされることや、楽しく学びながらステップアップできる学習体験です。

さくらんぼ教室では、30年以上にわたって子ども一人ひとりに合わせた学習指導を実践してきました。本書は、さくらんぼ教室の教材をもとに「学校やご家庭でも楽しく学習してほしい」という願いからできたドリルです。

本書で扱っているのは、小学校段階の国語・算数の中でも、練習を積み重ねることで習得できる、漢字・計算の基礎です。学年にかかわらず、「すてっぷ」１～６の中から、子どもにとって「ちょうどよい」「楽しくできる」段階を選び、一人ひとりの学び方に合わせて繰り返し使用することができます。子ども自身がオリジナルの文を作って書いたり、自由に問題を作ったりできる「練習プリント」と併せてご活用ください。

先生方や保護者の方には、子どもの取り組みを（文字のていねいさや誤りが気になったとしても）まずほめてあげていただきたいと思います。学習の中で、「苦手」な部分が目立つ場合は、注意するのではなく、「うまくいく方法」を一緒に考えてあげることが必要です。ほかの子とペースや学び方が異なっても、その子に合うやり方を工夫していけばよいのです。

本書が子どもの「やってみよう」の入り口となり、その後の学びと自信につながっていくことを願っています。

2021年4月　　　　監修　伊庭葉子

先生方、保護者の方々へ

一人ひとりに合うすてっぷを選んで、「できる」ところからステップアップ！

● 「すてっぷ」1～6の数字は、小学校の学年と対応しています（例：「すてっぷ1」は、小学校1年生で習う漢字と計算を収録。すてっぷ2～6は、小学校2年生～6年生に習う漢字の中から選んだ各100字と、計算を収録）。
● 学年にとらわれず、お子さんの得意・不得意に合わせて、ちょうどよい「すてっぷ」を選べるので、通級指導教室や特別支援学級・学校での個別指導に活用できるほか、家庭学習用教材としても役立ちます。
● 「練習プリント」を活用することで、さらに個々に合わせた学びが広がります。学校やご家庭でもお子さんと一緒にたくさん問題を作ってみてください。

自分のペースで学べる、一人ひとりに合ったステップ形式

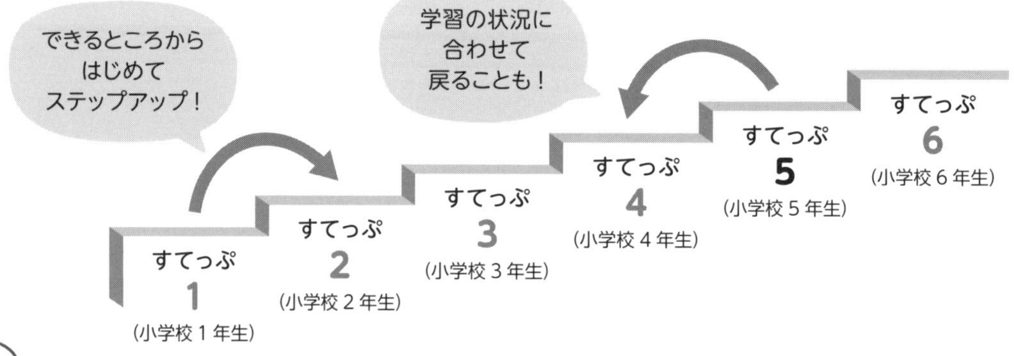
できるところから
はじめて
ステップアップ！
学習の状況に
合わせて
戻ることも！
すてっぷ
1
（小学校1年生）
すてっぷ
2
（小学校2年生）
すてっぷ
3
（小学校3年生）
すてっぷ
4
（小学校4年生）
すてっぷ
5
（小学校5年生）
すてっぷ
6
（小学校6年生）

このドリルの特長

① 学びやすいサポートが入っているので、「できた！」が実感できる！

● 難易度に応じて、**きめ細かな解き方のポイントや解答のヒント**が入っており、お子さんの学びをサポートします。
● 「漢字の足し算」「漢字を入れて書こう」「スペシャル問題」などの課題を進めるごとに、**「できた！」が実感でき、自信につながり**ます。

② 繰り返し練習することで、漢字や計算の基礎が身につく！

● 付属のCD-ROMからPDFデータをプリントして、何度も使えます。
● 「練習プリント」を使って、**オリジナル問題を作りながら、何度も練習**できます。
● 繰り返し学習を積み重ねることで、**少しずつ基礎的な力がついて**いきます。

③ **学習につまずきのある子、学習習慣がついていない子も自分のペースで学べる！**

- 漢字、計算ともに**無理なく１日１ページずつ進められるよう、負担のない問題数にし、文字の大きさを工夫**しています。

④ **子どもたちの生活の中で考える、イラストを使った身近で楽しい問題！**

- 問題を具体的にわかりやすくとらえられるように、**親しみのある、楽しいイラストが**入っています。
- 漢字には文を作る問題、計算には生活につながる問題が入っており、**漢字や計算を生活の中で考えたり使ったりできるように**なります。

すてっぷ５の学習の順序

❶ 「漢字」「計算」のはじめのページでは、これから学ぶことを確認します（今できていることをチェックしてみましょう）。

❷ 「漢字1～31」、「計算1～34」に取り組みましょう。漢字・計算ともに１日１ページを目安としています。漢字については解答が明示されていない問題に限り、計算については解答のあるすべての問題について、「答え」（漢字は44ページ、計算は84ページ～）が掲載されています。

※「漢字1～31」では、小学校５年生で習う漢字から選んだ100字を扱っています。漢字を身近に感じながら覚えられるように、訓読み（ひらがな表記）→音読み（カタカナ表記）の順で、主な読み方のみを掲載しています。小学校５年生で習うすべての漢字とその読み方については「すてっぷ5の漢字」（37～38ページ）を参照してください。

❸ 終わったら「練習プリント」（漢字は39ページ～、計算は80ページ～）を使用して、自分に合う問題を作って練習しましょう（最初は先生や保護者の方が、問題をたくさん作ってあげてください。「漢字1～31」で取り上げていない漢字については、「すてっぷ5の漢字」を参考に「練習プリント」で取り組んでください）。

❹ 自信がついてきたら、「チャレンジテスト」（漢字は42ページ～、計算は82ページ～）に挑戦してみましょう！　終わったら、できなかった部分や、もう一度取り組みたい部分のページに戻って復習しましょう。

❺ 「チャレンジテスト」が「できた！」と実感できたら、次のステップ（すてっぷ6）へ進みましょう。

目次

付録 CD-ROM について

本書の付録 CD-ROM には、「漢字1～31」、「計算1～34」、「練習プリント」、「チャレンジテスト」が収録されています。PDF 形式のデータとなっておりますので Adobe Acrobat Reader（無償）がインストールされているパソコンで開いてお使いください。

※CD-ROM に収録されたデータは、購入された個人または法人が私的な目的でのみ使用できます。第三者への販売・頒布はできません。

※本製品を CD-ROM 対応以外の機器では再生しないようにしてください。再生の方法については各パソコン、再生ソフトのメーカーにお問い合わせください。CD-ROM を使用したことにより生じた損害、障害、その他いかなる事態にも弊社は責任を負いません。

イラスト：池野なか、石山綾子

すてっぷ5
漢字

●すてっぷ 5 の漢字《かんじ》を楽《たの》しく練習《れんしゅう》しながら覚《おぼ》えよう！

すてっぷ5の力《ちから》をチェック！

- □ すてっぷ4までの漢字《かんじ》（小《しょう》4で習《なら》う漢字《かんじ》）を読《よ》むことができる。
- □ すてっぷ4までの漢字《かんじ》（小《しょう》4で習《なら》う漢字《かんじ》）を書《か》くことができる。
- □ すてっぷ5の漢字《かんじ》（小《しょう》5で習《なら》う漢字《かんじ》）をいくつか読《よ》むことができる。
- □ すてっぷ5の漢字《かんじ》（小《しょう》5で習《なら》う漢字《かんじ》）をいくつか書《か》くことができる。
- □ 知《し》っている漢字《かんじ》を使《つか》って文章《ぶんしょう》を書《か》くことができる。
- □ 知《し》っている漢字《かんじ》を二《ふた》つ合《あ》わせて言葉《ことば》（じゅく語《ご》）を作《つく》ることができる。
- □ 国語辞典《こくごじてん》を使《つか》って言葉《ことば》の意味《いみ》を調《しら》べることができる。
- □ 漢字辞典《かんじじてん》（漢和辞典《かんわじてん》）を使《つか》って漢字《かんじ》について調《しら》べることができる。

すてっぷ
5
漢字 1

（　　　）月（　　　）日（　　　）曜日

「にんべん」の漢字①

保　たも（つ）　ホ

価　カ

個　コ

◉にんべん

イ

人《ひと》が横《よこ》を向《む》いた形《かたち》が元《もと》になっているよ。

◉漢字《かんじ》を入《い》れて書《か》こう。

ほ おん
□温
※冷《さ》めないようにすること。

か かく
□格
※もののねだん。

こ じん
□人
※一人《ひとり》ひとり。

保健室《ほけんしつ》にあるものを書《か》こう。

練習プリント①②③（39〜41ページ）を使《つか》ってたくさん練習《れんしゅう》しよう。

（　　　）月（　　　）日（　　　）曜日

「にんべん」の漢字②

修　おさ（める）　シュウ

停　テイ

像　ゾウ

◉漢字《かんじ》の足《た》し算《ざん》

停 ＋ 電 ＝ ？

二《ふた》つの漢字《かんじ》を合《あ》わせると、どんな言葉《ことば》になるかな？

（→答《こた》えは44ページ）

◉漢字《かんじ》を入《い》れて書《か》こう。

しゅうり　□理

ていしゃ　□車

そうぞう　想□

心《こころ》の中《なか》に思《おも》いうかべること。

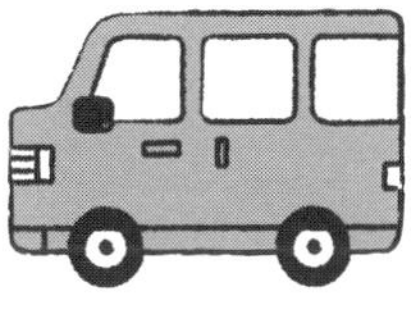

十年後《じゅうねんご》のあなたを**想像**《そうぞう》して書《か》こう。

練習プリント①②③（39～41ページ）を使《つか》ってたくさん練習《れんしゅう》しよう。

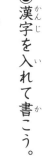

すてっぷ
5
漢字 3

（　　　）月（　　　）日（　　　）曜日

「ぎょうにんべん」の漢字

●ぎょうにんべん

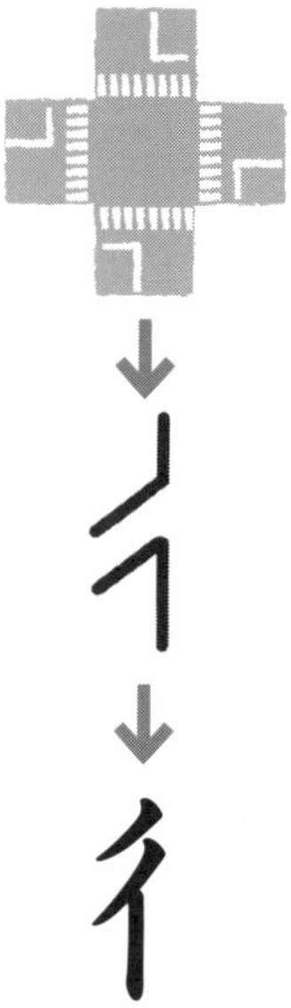

十字路《じゅうじろ》の形《かたち》。「行《い》く」「道《みち》」を表《あらわ》しているよ。

往　オウ

復　フク

得　え（る）　トク

●漢字《かんじ》を入《い》れて書《か》こう。

おう　ふく　□□

※行《い》って、もどること。

とく　い　□意

あなたの得意《とくい》なことは？

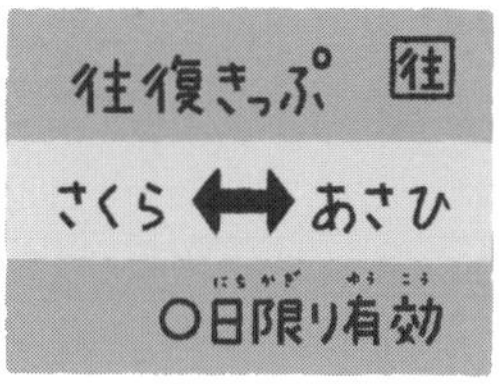

練習プリント①②③（39～41ページ）を使《つか》ってたくさん練習《れんしゅう》しよう。

（　　　）月（　　　）日（　　　）曜日

「てへん」の漢字①

◉てへん

手《て》の形《かたち》が元《もと》になっているよ。
手《て》の働《はたら》きに関《かん》する字《じ》があるね。

技　ギ

招　まね（く）　ショウ

採　と（る）　サイ

◉漢字《かんじ》を入《い》れて書《か》こう。

ぎ　じゅつ　□術

しょう　たい　□待

さい　しゅう　□集

※資料《しりょう》にするため、採《と》って集《あつ》めること。

こん虫《ちゅう》採《さい》集《しゅう》

植《しょく》物《ぶつ》採《さい》集《しゅう》

何《なに》を集《あつ》めるのかな？

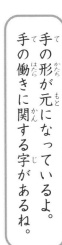

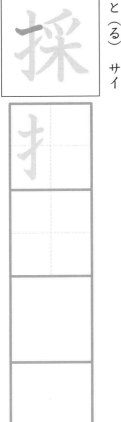

（　　　）月（　　　）日（　　　）曜日

「てへん」の漢字②

◉漢字《かんじ》の足《た》し算《ざん》

接 ＋ 続 ＝ ？

二《ふた》つの漢字《かんじ》を合《あ》わせると、どんな言葉《ことば》になるかな？
（→答《こた》えは44ページ）

授　ジュ

接　セツ

提　テイ

◉漢字《かんじ》を入《い》れて書《か》こう。

じゅぎょう　□業

ていあん　□案

※案《あん》（考《かんが》え）を出《だ》すこと。

せっきん　□近

どんな授業《じゅぎょう》が楽《たの》しい？

（例《れい》）理科《りか》実験《じっけん》をする授業《じゅぎょう》

練習プリント①②③（39～41ページ）を使《つか》ってたくさん練習《れんしゅう》しよう。

すてっぷ
5
漢字 6

（　　　）月（　　　）日（　　　）曜日

「き」「きへん」の漢字①

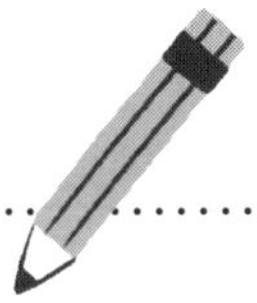

◉きへん

立《た》っている木《き》の形《かたち》が元《もと》になっているよ。

枝　えだ

桜　さくら

格　カク

◉漢字《かんじ》を入《い》れて書《か》こう。

小□　こえだ

□色　さくらいろ

性□　せいかく

あなたはどんな**性格**《せいかく》？
（例《れい》）明《あか》るい・やさしい・おだやか・まじめ　など

練習プリント①②③（39～41ページ）を使《つか》ってたくさん練習《れんしゅう》しよう。

（　　　）月（　　　）日（　　　　）曜日

「き」「きへん」の漢字②

検
ケン
木

査
サ
木

構
かま（える）　コウ
木

◉漢字《かんじ》の足《た》し算《ざん》

調　＋　査　＝　？

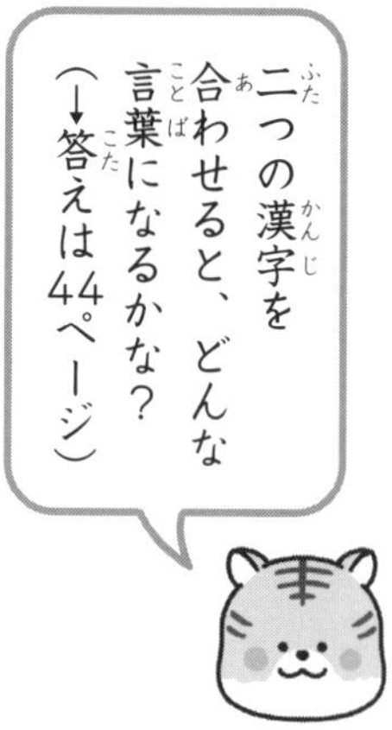
二《ふた》つの漢字《かんじ》を
合《あ》わせると、どんな
言葉《ことば》になるかな？
（→答《こた》えは44ページ）

◉漢字《かんじ》を入《い》れて書《か》こう。

けんさ
□□
※いろいろな基準《きじゅん》で調《しら》べること。

こころがまえ
心□え
※心《こころ》の用意《ようい》。

どんな**検査**《けんさ》を受《う》けたことがある？
（例《れい》）視力《しりょく》の検査《けんさ》

練習プリント①②③（39～41ページ）を使《つか》ってたくさん練習《れんしゅう》しよう。

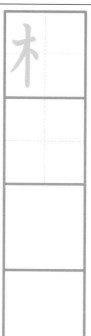

（　　　）月（　　　）日（　　　）曜日

「さんずい」の漢字①

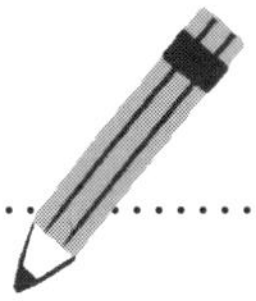

◉さんずい

流《なが》れる水《みず》の形《かたち》が元《もと》になっているよ。

河　かわ　カ

氵

液　エキ

氵

混　ま（ざる）　コン

氵

演　エン

氵

◉読《よ》んで書《か》こう。

大河《たいが》

※大《おお》きな河《かわ》。

血液《けつえき》

混雑《こんざつ》

出演《しゅつえん》

液体《えきたい》のものをさがして書《か》こう。

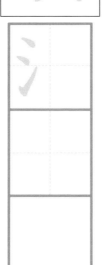

（　　　）月（　　　）日（　　　）曜日

「さんずい」の漢字②

準　ジュン

減　へ（る）　ゲン

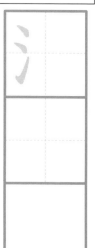

◉読《よ》んで書《か》こう。

準備　じゅんび

減少　げんしょう

※減《へ》ること。

測定　そくてい

清潔　せいけつ

※よごれがなくきれいなこと。

測　はか（る）　ソク

潔　ケツ

「準備《じゅんび》」を使《つか》って文《ぶん》を作《つく》って書《か》こう。

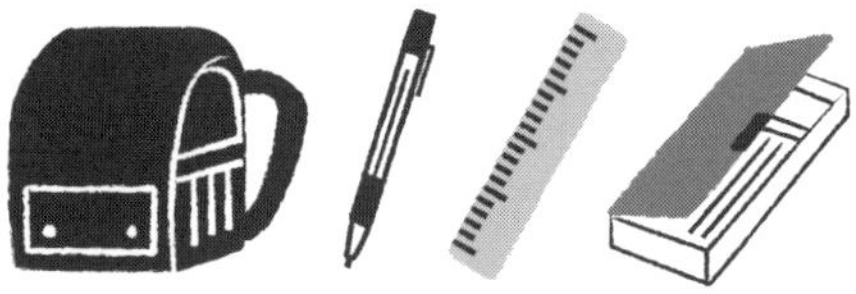

練習プリント①②③（39～41ページ）を使《つか》ってたくさん練習《れんしゅう》しよう。

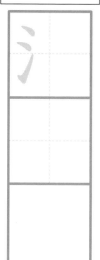

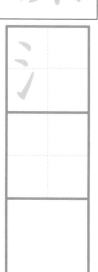

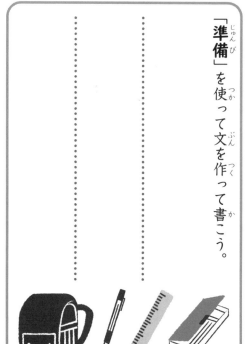

（　　　）月（　　　）日（　　　）曜日

「いとへん」の漢字①

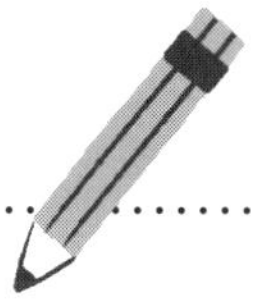

◉いとへん

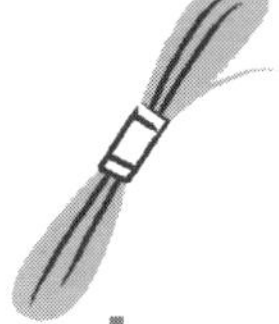

↓

↓

糸

糸《いと》をより合《あ》わせた形《かたち》が元《もと》になっているよ。

経　へ（る）　ケイ

績　セキ

織　お（る）　シキ

◉漢字《かんじ》を入《い》れて書《か》こう。

けいけん　□験

せいせき　成□

おりもの　□り物

「経験《けいけん》」を使《つか》って文《ぶん》を作《つく》って書《か》こう。

すてっぷ
5
漢字 11

（　　　）月（　　　）日（　　　）曜日

「いとへん」の漢字②

綿 わた メン

編 あ（む） ヘン

総 ソウ

◉漢字《かんじ》の足《た》し算《ざん》

総 ＋ 数 ＝ ？

二《ふた》つの漢字《かんじ》を合《あ》わせると、どんな言葉《ことば》になるかな？
（→答《こた》えは44ページ）

◉漢字《かんじ》を入《い》れて書《か》こう。

軽《かる》い□《わた》

□集《へんしゅう》

※いろいろな材料《ざいりょう》を集《あつ》めて書物《しょもつ》や新聞《しんぶん》などにまとめること。

□合《そうごう》

※一《ひと》つに合《あ》わせてまとめること。

あなたの学校《がっこう》の生徒《せいと》の**総数**《そうすう》（全《すべ》ての数《かず》）はどのくらい？

練習プリント①②③（39〜41ページ）を使《つか》ってたくさん練習《れんしゅう》しよう。

（　　　）月（　　　）日（　　　）曜日

「こざとへん」の漢字

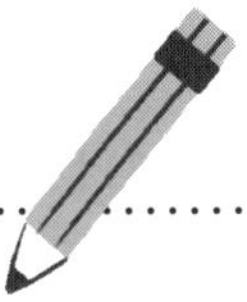

◉こざとへん

↓

↓

阝

防　ふせ（ぐ）　ボウ

険　けわ（しい）　ケン

限　かぎ（る）　ゲン

◉漢字《かんじ》を入《い》れて書《か》こう。

予　よ　□　ぼう

危　き　□　けん

期　き　□　げん

※決《き》められた日時《にちじ》。

かぜを**予**《よ》**防**《ぼう》するにはどうしたらよい？

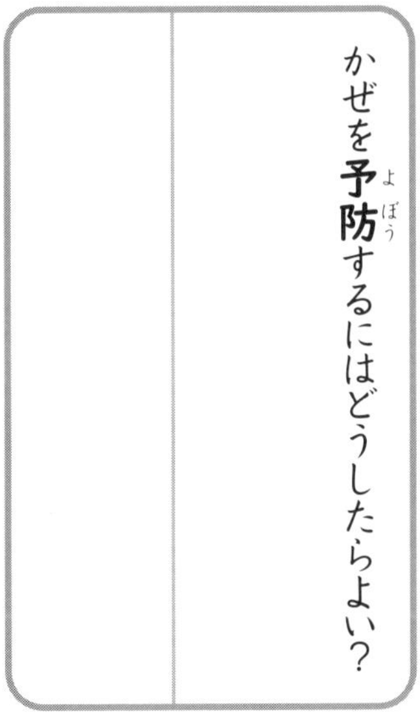

（　　　）月（　　　）日（　　　）曜日

「こころ」の漢字

◉こころ

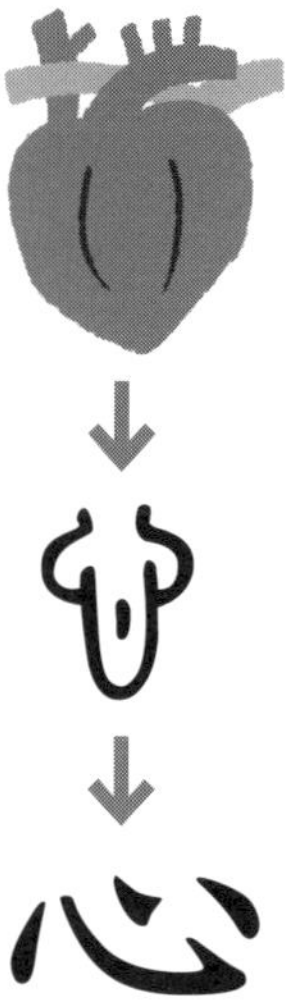

心《しん》ぞうの形《かたち》が元《もと》になっているよ。

応　こた（える）　オウ

志　こころざ（す）・こころざし　シ

態　タイ

◉漢字《かんじ》を入《い》れて書《か》こう。

おうとう　□答
※答《こた》えること。

たいど　□度

こころざ　□す
※目標《もくひょう》をもつこと。

あなたの**志**《こころざし》（目標《もくひょう》）を書《か》こう。

練習プリント①②③（39～41ページ）を使《つか》ってたくさん練習《れんしゅう》しよう。

すてっぷ 5
漢字 14

（　　　）月（　　　）日（　　　）曜日

「りっしんべん」の漢字

●りっしんべん

「こころ」が変化《へんか》した形《かたち》なので、心《こころ》に関《かん》する字《じ》があるね。

快　こころよ（い）　カイ

情　なさ（け）　ジョウ

慣　な（れる）　カン

●漢字《かんじ》を入《い》れて書《か》こう。

かい　てき
□適
※とても気持《きも》ちがよいこと。

あい　じょう
愛□

しゅう　かん
習□
※決《き》まりになっている行《おこな》い。

「習慣《しゅうかん》」を使《つか》って文《ぶん》を作《つく》って書《か》こう。

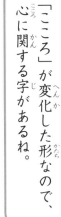

（　　　）月（　　　）日（　　　）曜日

「くち」の漢字

◉くち

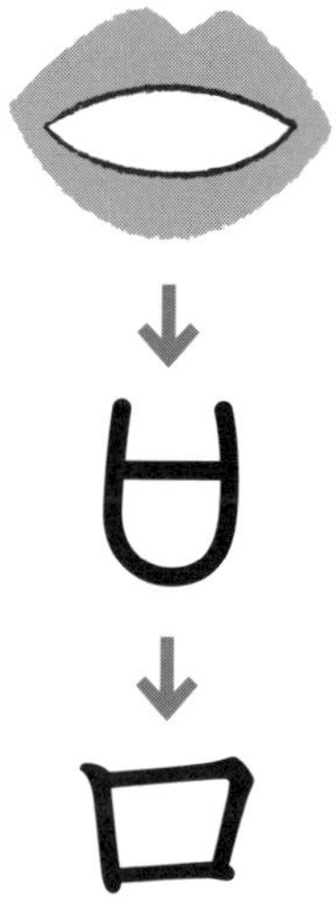

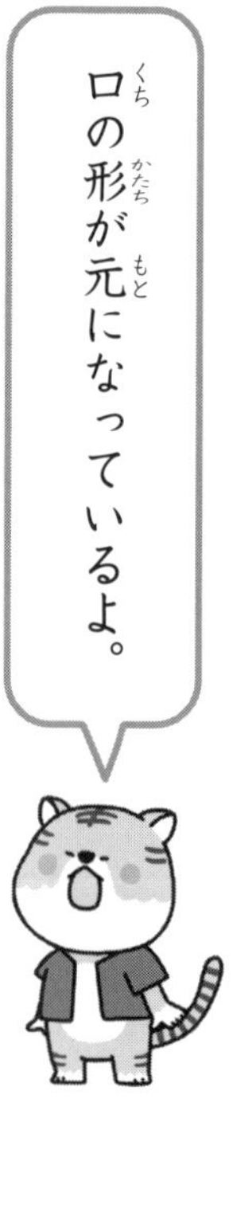

可　カ

句　ク

告　つ（げる）　コク

喜　よろこ（ぶ）　キ

◉読《よ》んで書《か》こう。

可能性《かのうせい》
※できる見《み》こみ。

語句《ごく》
※言葉《ことば》のこと。

報告《ほうこく》
※あることについて伝《つた》えること。

喜《よろこ》ぶ

今日《きょう》の出来事《できごと》を**報告**《ほうこく》してみよう。

練習プリント①②③（39～41ページ）を使《つか》ってたくさん練習《れんしゅう》しよう。

(　　　)月(　　　)日(　　　)曜日

「ごんべん」の漢字①

◉ごんべん

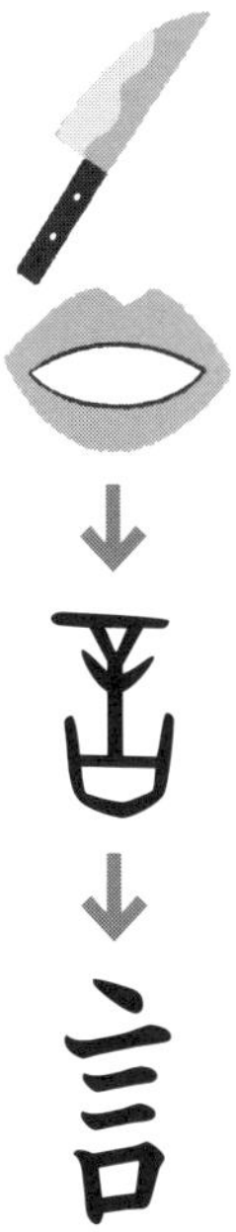

刃《は》と口《くち》の形《かたち》が元《もと》になっていて、話《はな》すことを表《あらわ》しているよ。

設　もう(ける)　セツ

評　ヒョウ

証　ショウ

講　コウ

◉読《よ》んで書《か》こう。

建設《けんせつ》

評判《ひょうばん》

※よい・悪《わる》いの評価《ひょうか》やうわさ。

証明《しょうめい》

※事実《じじつ》を明《あき》らかにすること。

講演《こうえん》

「評判《ひょうばん》」を使《つか》って文《ぶん》を作《つく》って書《か》こう。

(例)あのパン屋《や》さんは評判《ひょうばん》がいい。

練習プリント①②③(39～41ページ)を使《つか》ってたくさん練習《れんしゅう》しよう。

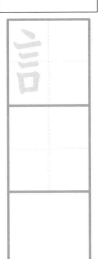

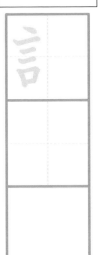

すてっぷ
5
漢字 17

（　　　）月（　　　）日（　　　）曜日

「ごんべん」の漢字②

◉読《よ》んで書《か》こう。

許可《きょか》
※許《ゆる》すこと。

保護《ほご》
※守《まも》ること。

謝罪《しゃざい》
※あやまること。

知識《ちしき》
※知《し》っていること。

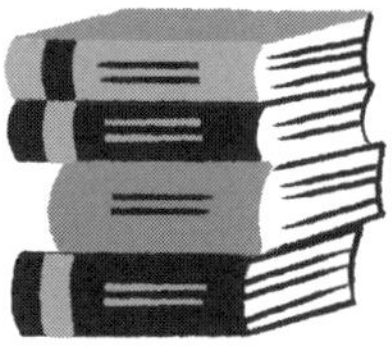

許　ゆる（す）　キョ

謝　シャ

護　ゴ

識　シキ

謝《あやま》るときに使《つか》う言葉《ことば》を書《か》こう。

練習プリント①②③（39〜41ページ）を使《つか》ってたくさん練習《れんしゅう》しよう。

(　　　)月(　　　)日(　　　　)曜日

「のぎへん」の漢字

移　イ　うつ(る)

税　ゼイ

程　テイ

禾

禾

禾

◉のぎへん

↓

↓

禾

いねなどの作物《さくもつ》の形《かたち》が元《もと》になっているよ。

◉漢字《かんじ》を入《い》れて書《か》こう。

□動　いどう

※場所《ばしょ》や位置《いち》を変《か》えること。

□金　ぜいきん

※国《くに》などにおさめるお金《かね》。

日□　にってい

※行事《ぎょうじ》などの予定《よてい》のこと。

「移動《いどう》」を使《つか》って文《ぶん》を作《つく》って書《か》こう。

練習プリント①②③（39～41ページ）を使《つか》ってたくさん練習《れんしゅう》しよう。

（　　　）月（　　　）日（　　　　）曜日

「かい」「かいへん」の漢字①

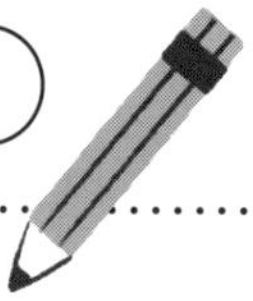

◉かい

貝

財 ザイ
貝

貯 チョ
貝

費 ヒ
貝

◉漢字《かんじ》を入《い》れて書《か》こう。

ざいさん
□産
※持《も》っているものの中《なか》で
ねうちのあるもの。

ちょきん
□金

ひよう
□用
※かかるお金《かね》。

「貯金《ちょきん》」を使《つか》って文《ぶん》を作《つく》って書《か》こう。

練習プリント①②③（39～41ページ）を使《つか》ってたくさん練習《れんしゅう》しよう。

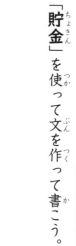

（　　　）月（　　　）日（　　　）曜日

「かい」「かいへん」の漢字②

賞　ショウ

責　せ（める）　セキ

貸　か（す）

◉漢字《かんじ》の足《た》し算《ざん》

金 ＋ 賞 ＝ ？

二《ふた》つの漢字《かんじ》を合《あ》わせると、どんな言葉《ことば》になるかな？
（↓答《こた》えは44ページ）

◉漢字《かんじ》を入《い》れて書《か》こう。

□状（しょう じょう）

□任（せき にん）

※その立場《たちば》で果《は》たすべき役《やく》。

□し出す（か だ）

あなたはどんな「賞《しょう》」をもらったことがある？

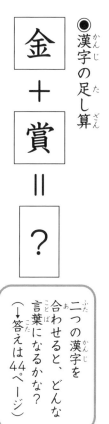

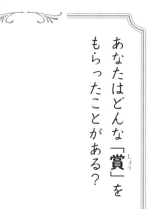

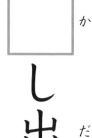

（　　　）月（　　　）日（　　　）曜日

「かい」「かいへん」の漢字③

資　シ

質　シツ

賛　サン

貝

◉漢字《かんじ》の足《た》し算《ざん》

資 ＋ 料 ＝ ？

二《ふた》つの漢字《かんじ》を合《あ》わせると、どんな言葉《ことば》になるかな？
（↓答《こた》えは44ページ）

◉漢字《かんじ》を入《い》れて書《か》こう。

□《し》格《かく》

目的《もくてき》にふさわしい地位《ちい》・立場《たちば》。(例《れい》)医師《いし》の**資格**《しかく》がある。

□《しつ》問《もん》

□《さん》成《せい》 ⟷ □□

賛成《さんせい》しないことを何《なん》という？

練習プリント①②③（39〜41ページ）を使《つか》ってたくさん練習《れんしゅう》しよう。

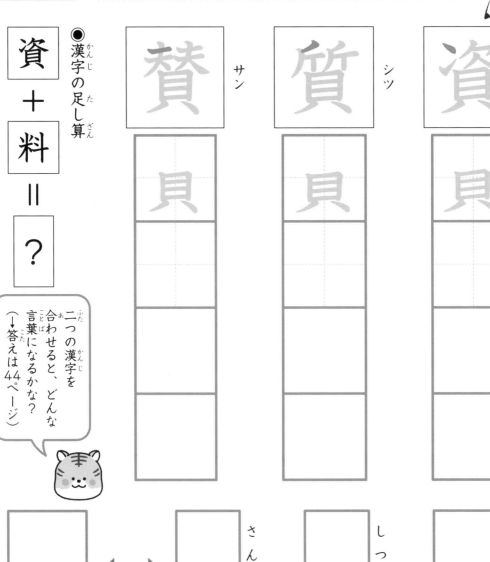

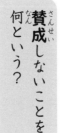

(　　　)月(　　　)日(　　　)曜日

「にくづき」の漢字

◉にくづき

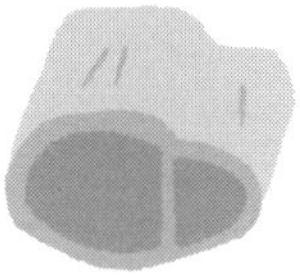

↓

↓

月

肉《にく》を表《あらわ》した形《かたち》が「月《つき》」になったよ。
体《からだ》に関《かか》わる字《じ》があるね。

肥　こ(える)　ヒ

脈　ミャク

能　ノウ

月　月　月

◉漢字《かんじ》を入《い》れて書《か》こう。

□料　ひりょう

動□　どうみゃく
※心《しん》ぞうから血液《けつえき》を送《おく》り出《だ》す血管《けっかん》。

才□　さいのう
※とてもすぐれた力《ちから》。

一分間《いっぷんかん》、**脈《みゃく》はく数《すう》**を測《はか》って書《か》きましょう。
※心《しん》ぞうがドキドキ動《うご》く回数《かいすう》。

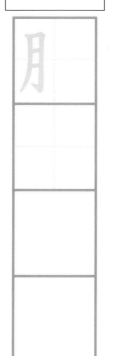

（　　）月（　　）日（　　）曜日

「りっとう」の漢字

◉りっとう

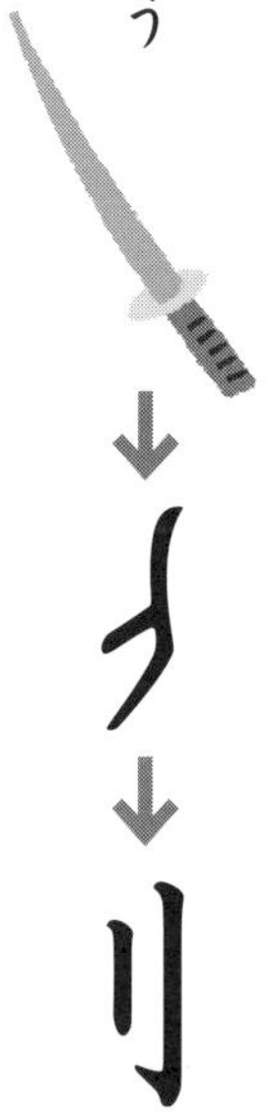

刀《かたな》の形《かたち》が元《もと》になって、変化《へんか》した形《かたち》だよ。

判　ハン・バン

制　セイ

則　ソク

◉漢字《かんじ》を入《い》れて書《か》こう。

はんだん　□断

せいふく　□服

きそく　規□

※決《き》まり。ルール。

あなたの学校《がっこう》の**規則**《きそく》を書《か》こう。

練習プリント①②③（39～41ページ）を使《つか》ってたくさん練習《れんしゅう》しよう。

（　　　）月（　　　）日（　　　）曜日

「ちから」の漢字

◉ちから

↓

↓

力

力《ちから》を入《い》れたうでの形《かたち》が元《もと》になっているよ。

効　き（く）　コウ

力

務　つと（める）　ム

力

勢　いきお（い）　セイ

力

◉漢字《かんじ》を入《い》れて書《か》こう。

こうか
□果

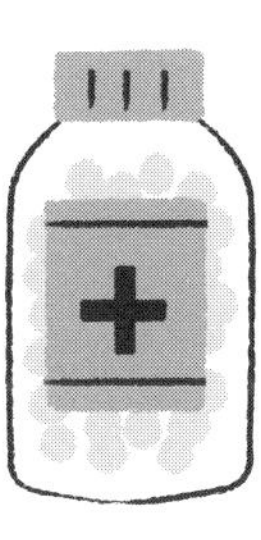

にんむ
任□

※責任《せきにん》をもって果《は》たす務《つと》め。

せいりょく
□力

※他《ほか》にえいきょうをあたえる勢《いきお》いや力《ちから》。

「効果《こうか》」を使《つか》って文《ぶん》を作《つく》って書《か》こう。

練習プリント①②③（39～41ページ）を使《つか》ってたくさん練習《れんしゅう》しよう。

（　　　）月（　　　）日（　　　）曜日

「しんにょう」の漢字

◉しんにょう（しんにゅう）

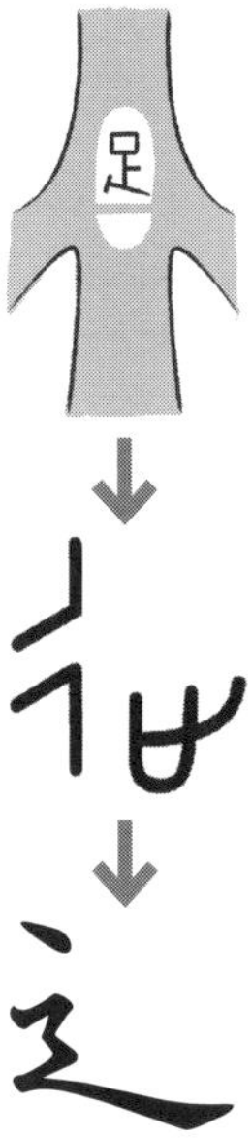

道《みち》と足《あし》を合《あ》わせた形《かたち》。「行《い》く」に関係《かんけい》する字《じ》があるね。

逆　さか（らう）　ギャク

迷　まよ（う）

過　す（ぎる）　カ

述　の（べる）　ジュツ

◉読《よ》んで書《か》こう。

逆転《ぎゃくてん》

迷《まよ》う

通過《つうか》

※通《とお》り過《す》ぎること。

述語《じゅつご》

「迷《まよ》う」を使《つか》って文《ぶん》を作《つく》って書《か》こう。

練習プリント①②③（39～41ページ）を使《つか》ってたくさん練習《れんしゅう》しよう。

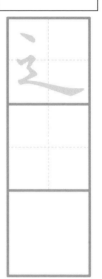

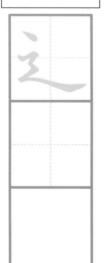

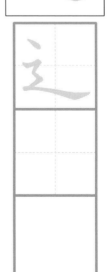

（　　　）月（　　　）日（　　　）曜日

「くにがまえ」の漢字

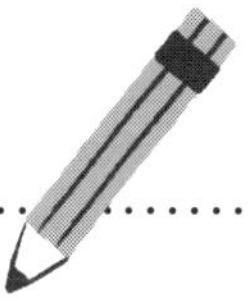

◉くにがまえ

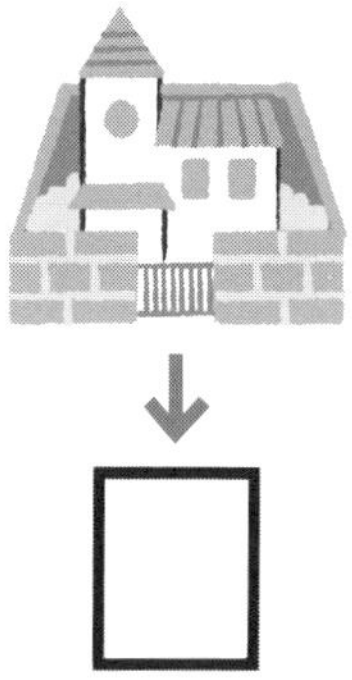

口

周《まわ》りを「囲《かこ》む」ことを表《あらわ》しているよ。

囲　かこ（む）　イ

団　ダン

因　イン

◉漢字《かんじ》を入《い》れて書《か》こう。

周　しゅう
□　い

□　だん
体　たい

原　げん
□　いん

※引《ひ》き起《お》こすもとになるもの。

「原因《げんいん》」を使《つか》って文《ぶん》を作《つく》って書《か》こう。

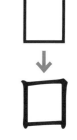

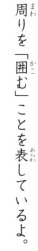

（　　　）月（　　　）日（　　　）曜日

「つち」「つちへん」の漢字

◉つち

土

地面《じめん》に置《お》かれた
土《つち》の様子《ようす》を表《あらわ》しているよ。

均　キン

増　ま（す）・ふ（える）　ゾウ

基　キ

墓　はか　ボ

◉読《よ》んで書《か》こう。

均等《きんとう》
※平等《びょうどう》で差《さ》がないこと。

増加《ぞうか》
※増《ふ》えること。

基本《きほん》

墓参《はかまい》り

あなたの今週《こんしゅう》の
平均《へいきん》すいみん
時間《じかん》は？

（　　　　）時間《じかん》くらい

練習プリント①②③（39～41ページ）を使《つか》ってたくさん練習《れんしゅう》しよう。

（　　）月（　　）日（　　）曜日

いろいろな漢字①

比　くら（べる）　ヒ

率　ひき（いる）　リツ

導　みちび（く）　ドウ

◉漢字《かんじ》の足《た》し算《ざん》

指 ＋ 導 ＝ ？

二《ふた》つの漢字《かんじ》を合《あ》わせると、どんな言葉《ことば》になるかな？
（→答《こた》えは44ページ）

◉漢字《かんじ》を入《い》れて書《か》こう。

男女《だんじょ》の□□《ひりつ》。
※比《くら》べたときの割合《わりあい》。

仲間《なかま》を□《ひき》いる。
※連《つ》れていくこと。

生徒《せいと》を□《みちび》く。
※教《おし》えてよい方向《ほうこう》に進《すす》める。

％　パーセント

百分《ひゃくぶん》□《りつ》

練習プリント①②③（39～41ページ）を使《つか》ってたくさん練習《れんしゅう》しよう。

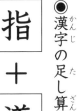

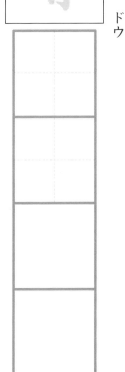

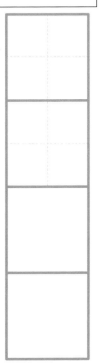

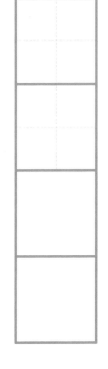

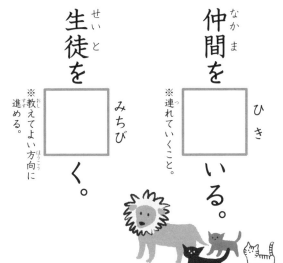

（　　）月（　　）日（　　）曜日

いろいろな漢字②

現　あらわ（す）・あらわ（れる）　ゲン

夢　ゆめ　ム

職　ショク

◉漢字《かんじ》の足《た》し算《ざん》

職 ＋ 業 ＝ ？

◉漢字《かんじ》を入《い》れて書《か》こう。

げん□　じっ実
※今《いま》の事実《じじつ》や状態《じょうたい》。

はっ初　ゆめ□
※年《とし》の最初《さいしょ》に見《み》る夢《ゆめ》。

しょく□　ば場
※働《はたら》く場所《ばしょ》。

最近《さいきん》見《み》た夢《ゆめ》を教《おし》えて！

練習プリント①②③（39〜41ページ）を使《つか》ってたくさん練習《れんしゅう》しよう。

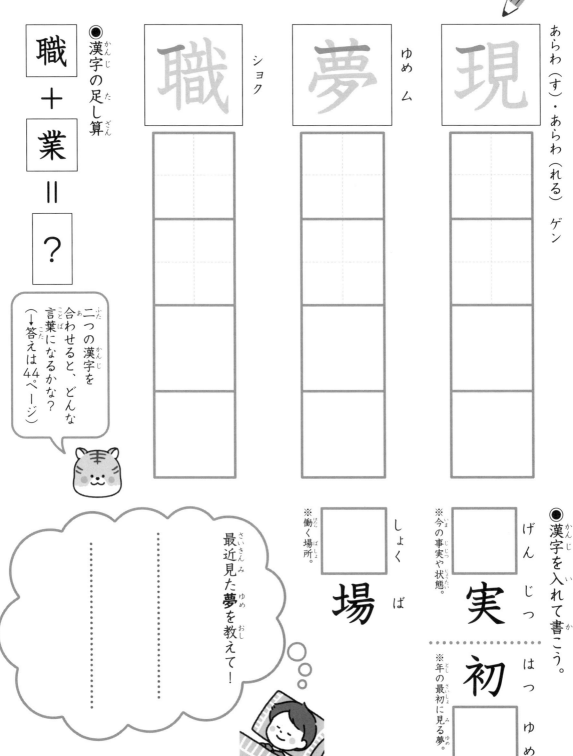

すてっぷ 5
漢字 30

(　　　)月(　　　)日(　　　)曜日

いろいろな漢字③

複　フク

雑　ザツ・ゾウ

製　セイ

◉漢字《かんじ》の足《た》し算《ざん》

雑 ＋ 草 ＝ ？

二《ふた》つの漢字《かんじ》を合《あ》わせると、どんな言葉《ことば》になるかな？
(↓答《こた》えは44ページ)

◉漢字《かんじ》を入《い》れて書《か》こう。

ふくしゃ
□写
※写《うつ》しとること。コピー。

ふくざつ
□□
※こみいっていて、かん単《たん》に説明《せつめい》できないこと。

せいひん
□品
※原材料《げんざいりょう》を加工《かこう》してできた品物《しなもの》。

色《いろ》、問題《もんだい》、気持《きも》ち……
「**複雑**《ふくざつ》」を使《つか》って文《ぶん》を作《つく》って書《か》こう。

練習プリント①②③(39〜41ページ)を使《つか》ってたくさん練習《れんしゅう》しよう。

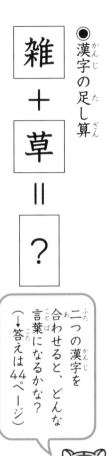

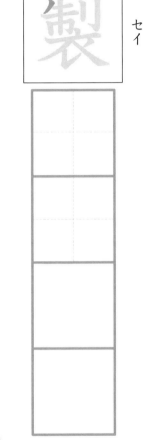

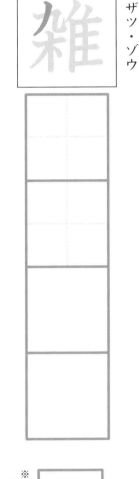

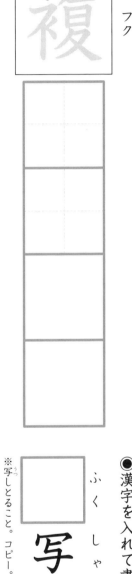

(　　)月(　　)日(　　)曜日

いろいろな漢字④

易　やさ(しい)　エキ　イ

師　シ

解　と(く)　カイ

◉漢字《かんじ》の足《た》し算《ざん》

解＋答＝？

二《ふた》つの漢字《かんじ》を合《あ》わせると、どんな言葉《ことば》になるかな？
(→答《こた》えは44ページ)

◉漢字《かんじ》を入《い》れて書《か》こう。

ようい　容□
※かん単《たん》なこと、やさしいこと。

りかい　理□
※知《し》る、分《わ》かること。

きょうし　教□

「師《し》」は、「教《おし》える」「先生《せんせい》」の意味《いみ》があるよ。

「師《し》」を使《つか》う言葉《ことば》で、どんな人《ひと》がいるかさがしてみよう。

教師《きょうし》、医師《いし》、看護師《かんごし》、美容師《びようし》、漁師《りょうし》、手品師《てじなし》…

練習プリント①②③(39～41ページ)を使《つか》ってたくさん練習《れんしゅう》しよう。

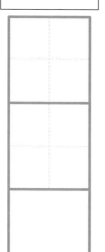

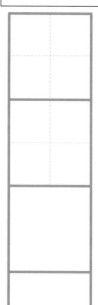

すてっぷ5の漢字

読《よ》めるかな？　書《か》けるかな？
練習プリント①②③で
たくさん練習《れんしゅう》しましょう。

圧 アツ	囲 イ かこ(む)・かこ(う)	移 イ うつ(る)・うつ(す)	因 イン	永 エイ なが(い)	営 エイ いとな(む)	衛 エイ	易 エキ・イ やさ(しい)	益 エキ	液 エキ	演 エン	応 オウ こた(える)	往 オウ
桜 さくら	可 カ	仮 カ かり	価 カ	河 カ かわ	過 カ す(ぎる)・す(ごす)	快 カイ こころよ(い)	解 カイ と(く)・と(かす)・と(ける)	格 カク	確 カク たし(か)・たし(かめる)	額 ガク ひたい	刊 カン	幹 カン みき
慣 カン な(れる)・な(らす)	眼 ガン	紀 キ	基 キ	寄 キ よ(る)・よ(せる)	規 キ	喜 キ よろこ(ぶ)	技 ギ	義 ギ	逆 ギャク さか・さか(らう)	久 キュウ ひさ(しい)	旧 キュウ	救 キュウ すく(う)
居 キョ い(る)	許 キョ ゆる(す)	境 キョウ さかい	均 キン	禁 キン	句 ク	型 ケイ かた	経 ケイ へ(る)	潔 ケツ	件 ケン	険 ケン けわ(しい)	検 ケン	限 ゲン かぎ(る)
現 ゲン あらわ(れる)・あらわ(す)	減 ゲン へ(る)・へ(らす)	故 コ	個 コ	護 ゴ	効 コウ き(く)	厚 あつ(い)	耕 コウ たがや(す)	航 コウ	鉱 コウ	構 コウ かま(える)・かま(う)	興 コウ・キョウ	講 コウ
告 コク つ(げる)	混 コン ま(じる)・ま(ざる)・ま(ぜる)・こ(む)	査 サ	再 サイ・サ ふたた(び)	災 サイ	妻 サイ つま	採 サイ と(る)	際 サイ	在 ザイ あ(る)	財 ザイ	罪 ザイ つみ	殺 サツ ころ(す)	雑 ザツ・ゾウ
酸 サン	賛 サン	士 シ	支 シ ささ(える)	史 シ	志 シ こころざ(す)・こころざし	枝 えだ	師 シ	資 シ	飼 シ か(う)	示 ジ しめ(す)	似 に(る)	識 シキ

はすてっぷ5 1～31で取《と》り上《あ》げた漢字《かんじ》です。ほかの漢字《かんじ》も練習《れんしゅう》しましょう。

※漢字《かんじ》は音読《おんよ》み（カタカナ）→訓読《くんよ》み（ひらがな）の順《じゅん》に入《はい》っています。

質 シツ	舎 シャ	謝 シャ	授 ジュ	修 シュウ おさ(める)・ おさ(まる)	述 ジュツ の(べる)	術 ジュツ	準 ジュン	序 ジョ	招 ショウ まね(く)	証 ショウ	象 ショウ・ゾウ	賞 ショウ
条 ジョウ	状 ジョウ	常 ジョウ つね	情 ジョウ なさ(け)	織 シキ お(る)	職 ショク	制 セイ	性 セイ	政 セイ	勢 セイ いきお(い)	精 セイ	製 セイ	税 ゼイ
責 セキ せ(める)	績 セキ	接 セツ	設 セツ もう(ける)	絶 ゼツ た(える)・ た(やす)・ た(つ)	祖 ソ	素 ソ	総 ソウ	造 ゾウ つく(る)	像 ゾウ	増 ゾウ ま(す)・ ふ(える)・ ふ(やす)	則 ソク	測 ソク はか(る)
属 ゾク	率 リツ ひき(いる)	損 ソン	貸 か(す)	態 タイ	団 ダン	断 ダン ことわ(る)	築 チク きず(く)	貯 チョ	張 チョウ は(る)	停 テイ	提 テイ	程 テイ
適 テキ	統 トウ	堂 ドウ	銅 ドウ	導 ドウ みちび(く)	得 トク え(る)	毒 ドク	独 ドク ひと(り)	任 ニン まか(せる)・ まか(す)	燃 ネン も(える)・ も(やす)・ も(す)	能 ノウ	破 ハ やぶ(る)・ やぶ(れる)	犯 ハン
判 ハン・バン	版 ハン	比 ヒ くら(べる)	肥 ヒ こ(える)・ こえ・こ(やす)・ こ(やし)	非 ヒ	費 ヒ	備 ビ そな(える)・ そな(わる)	評 ヒョウ	貧 ビン まず(しい)	布 フ ぬの	婦 フ	武 ブ・ム	復 フク
複 フク	仏 ブツ ほとけ	粉 フン こ・こな	編 ヘン あ(む)	弁 ベン	保 ホ たも(つ)	墓 ボ はか	報 ホウ	豊 ホウ ゆた(か)	防 ボウ ふせ(ぐ)	貿 ボウ	暴 ボウ あば(れる)	脈 ミャク
務 ム つと(める)・ つと(まる)	夢 ム ゆめ	迷 まよ(う)	綿 メン わた	輸 ユ	余 ヨ あま(る)・ あま(す)	容 ヨウ	略 リャク	留 リュウ・ル と(める)・ と(まる)	領 リョウ	歴 レキ		

すてっぷ
5
漢字

(　　　)月(　　　)日(　　　　　)曜日

練習プリント①

CD-ROM プリントしてつかおう!

漢字《かんじ》を選《えら》んで練習《れんしゅう》し、その漢字《かんじ》を使《つか》う文《ぶん》を作《つく》って書《か》きましょう。

どちらかの漢字《かんじ》を使《つか》って、文《ぶん》を作《つく》って書《か》こう。

読《よ》み方《かた》（　　）（　　）

読《よ》み方《かた》（　　）（　　）

書《か》き順《じゅん》にも気《き》をつけてね。

これまでに習《なら》った漢字《かんじ》を二《ふた》つ合《あ》わせて、言葉《ことば》を作《つく》ってみましょう。

(例《れい》)　停＋止＝停止《ていし》　面＋接＝面接《めんせつ》　財＋産＝財産《ざいさん》

〇 ＋ 〇 ＝ □□

二《に》字《じ》以上《いじょう》の漢字《かんじ》を合《あ》わせてできた言葉《ことば》を
じゅく語《ご》というよ。

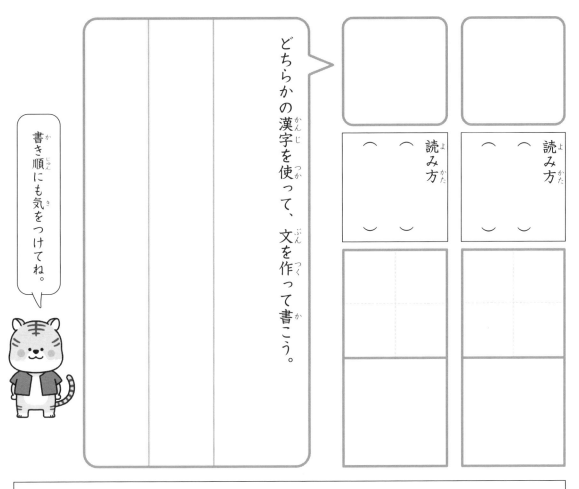

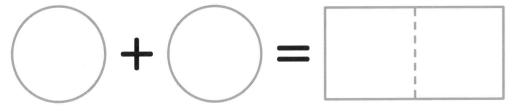

（　　　）月（　　　）日（　　　）曜日

練習プリント②

CD-ROM プリントしてつかおう！

好《す》きなテーマで、漢字《かんじ》を使《つか》って文章《ぶんしょう》を書《か》いてみましょう。

最近《さいきん》の出来事《できごと》、話題《わだい》になっていることなどについて、思《おも》ったこと、感《かん》じたことを自由《じゆう》に書《か》いてみましょう。

（　　　）月（　　　）日（　　　）曜日

練習プリント③

CD-ROM プリントしてつかおう!

辞典《じてん》を使《つか》って、漢字《かんじ》やじゅく語《ご》の意味《いみ》を調《しら》べてみましょう。

国語辞典《こくごじてん》
言葉《ことば》の意味《いみ》を調《しら》べることができます。

漢字辞典《かんじじてん》／漢和辞典《かんわじてん》
漢字《かんじ》の意味《いみ》や成《な》り立《た》ち、その漢字《かんじ》を使《つか》った言葉《ことば》などを調《しら》べることができます。

例《れい》／「努力《どりょく》」→（読《よ》み方《かた》）どりょく
意味《いみ》　目標《もくひょう》を実現《じつげん》するために心《こころ》や身体《しんたい》を使《つか》ってつとめること。

漢字《かんじ》やじゅく語《ご》

（読《よ》み方《かた》）

意味《いみ》

漢字《かんじ》やじゅく語《ご》

（読《よ》み方《かた》）

意味《いみ》

※インターネットの辞典《じてん》で調《しら》べる方法《ほうほう》もあります。

例《れい》／「力」→（読《よ》み方《かた》）ちから・リョク・リキ
意味《いみ》　①ちから　②はたらき　③勢《いきお》い

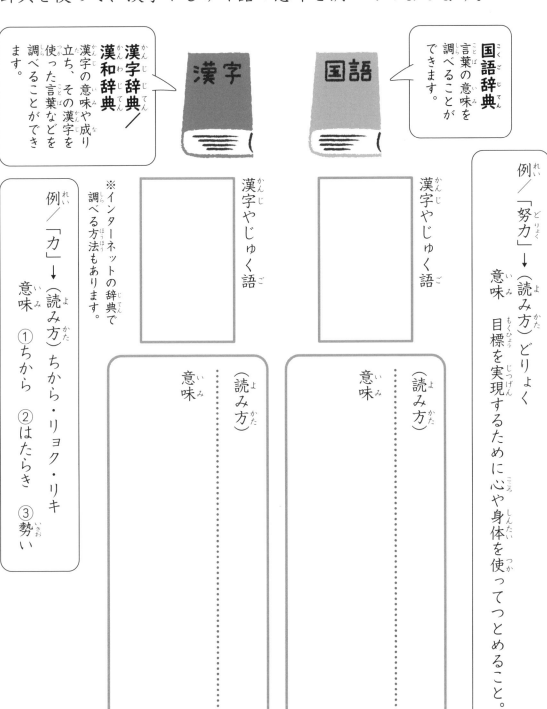

（　　　）月（　　　）日（　　　）曜日

チャレンジテスト1

◉①～⑤の□に入《はい》る漢字《かんじ》を⬚から選《えら》んで書《か》こう。

① 各駅《かくえき》に□《てい》車《しゃ》する。

② こん虫《ちゅう》□《さい》集《しゅう》に行《い》く。

③ □《じゅ》業《ぎょう》を受《う》ける。

④ とてもよい□《けい》験《けん》になった。

⑤ 成《せい》□《せき》表《ひょう》をもらった。

授　受　経　境　採　再　停　提　績　積

＊使《つか》わない漢字《かんじ》もあります。

◉⑥～⑩の□に入《はい》る漢字《かんじ》を⬚から選《えら》んで書《か》こう。

⑥ 本《ほん》を□《へん》集《しゅう》する。

⑦ 真面目《まじめ》な□《たい》度《ど》。

⑧ □《ちょ》金《きん》をする。

⑨ □《せい》服《ふく》を着《き》る。

⑩ 薬《くすり》の□《こう》果があった。

効　構　編　織　製　制　貸　態　貯　張

＊使《つか》わない漢字《かんじ》もあります。

10問中《もんちゅう》、何問《なんもん》合《あ》っていましたか？　　問《もん》／10問《もん》

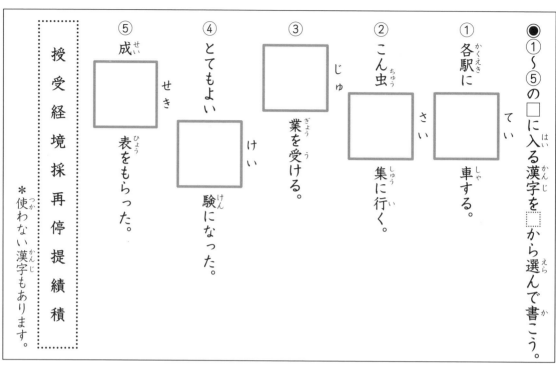

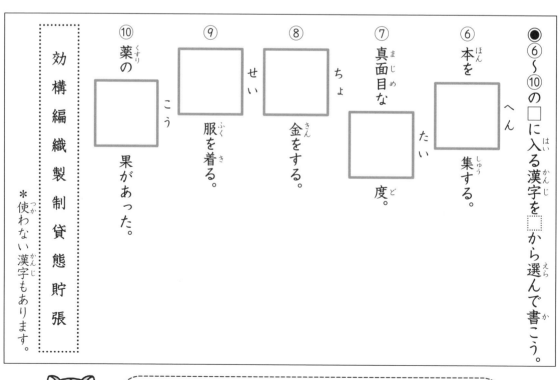

すてっぷ 5 漢字

（　　　）月（　　　）日（　　　）曜日

チャレンジテスト２

◉ ―線《せん》の部分《ぶぶん》を漢字《かんじ》に直《なお》して書《か》こう。

① おうふくする。

② かかくを調《しら》べる。

③ けんさをする。

④ せいけつにする。

⑤ きげんを守《まも》る。

◉ ―線《せん》の部分《ぶぶん》を漢字《かんじ》に直《なお》して文《ぶん》を書《か》こう。

⑥ 仕事《しごと》にせきにんをもつ。

⑦ わからないことをしつもんした。

⑧ さいのうを感《かん》じる。

⑨ 電車《でんしゃ》がつうかした。

⑩ ゆめを大切《たいせつ》にする。

10問中《もんちゅう》、何問《なんもん》合《あ》っていましたか？

問《もん》／10問《もん》

答え

すてっぷ 5 漢字

●6ページ【漢字1】保温《ほおん》・価格《かかく》・個人《こじん》

●7ページ【漢字2】修理《しゅうり》・停車《ていしゃ》・想像《そうぞう》

停＋電＝停電《ていでん》（電気《でんき》が止《と》まること）

●8ページ【漢字3】往復《おうふく》・得意《とくい》

●9ページ【漢字4】技術《ぎじゅつ》・招待《しょうたい》・採集《さいしゅう》

●10ページ【漢字5】授業《じゅぎょう》・接近《せっきん》・提案《ていあん》

接＋続＝接続《せつぞく》（ものがつながること）

●11ページ【漢字6】小枝《こえだ》・桜色《さくらいろ》・性格《せいかく》

●12ページ【漢字7】検査《けんさ》・心構《こころがま》え

調＋査＝調査《ちょうさ》（調《しら》べること）

●15ページ【漢字10】経験《けいけん》・成績《せいせき》・織《お》り物《もの》

●16ページ【漢字11】軽《かる》い綿《わた》・編集《へんしゅう》・総合《そうごう》

総＋数＝総数《そうすう》（すべてをまとめた数《かず》）

●17ページ【漢字12】予防《よぼう》・危険《きけん》・期限《きげん》

●18ページ【漢字13】応答《おうとう》・志《こころざ》す・態度《たいど》

●19ページ【漢字14】快適《かいてき》・愛情《あいじょう》・習慣《しゅうかん》

●23ページ【漢字18】移動《いどう》・税金《ぜいきん》・日程《にってい》

●24ページ【漢字19】財産《ざいさん》・貯金《ちょきん》・費用《ひよう》

●25ページ【漢字20】賞状《しょうじょう》・責任《せきにん》・貸《か》し出《だ》す

金＋賞＝金賞《きんしょう》（第一位《だいいちい》のこと）

●26ページ【漢字21】資格《しかく》・質問《しつもん》・賛成《さんせい》↕反対《はんたい》

資＋料＝資料《しりょう》（何《なに》かのための材料《ざいりょう》のこと）

●27ページ【漢字22】肥料《ひりょう》・動脈《どうみゃく》・才能《さいのう》

●28ページ【漢字23】判断《はんだん》・制服《せいふく》・規則《きそく》

●29ページ【漢字24】効果《こうか》・任務《にんむ》・勢力《せいりょく》

●31ページ【漢字26】周囲《しゅうい》・団体《だんたい》・原因《げんいん》

●33ページ【漢字28】比率《ひりつ》・率《ひき》いる・導《みちび》く・百分率《ひゃくぶんりつ》

指＋導＝指導《しどう》（教《おし》え導《みちび》くこと）

●34ページ【漢字29】現実《げんじつ》・初夢《はつゆめ》・職場《しょくば》

職＋業＝職業《しょくぎょう》（仕事《しごと》のこと）

●35ページ【漢字30】複写《ふくしゃ》・複雑《ふくざつ》・製品《せいひん》

雑＋草＝雑草《ざっそう》

●36ページ【漢字31】容易《ようい》・教師《きょうし》・理解《りかい》

解＋答＝解答《かいとう》

★むずかしかった漢字《かんじ》を練習《れんしゅう》してみよう！

●42ページ【チャレンジテスト1】

①停　②採　③授　④経　⑤績　⑥編　⑦態　⑧貯　⑨制　⑩効

おしかったところは
復習《ふくしゅう》しておこう！

●43ページ【チャレンジテスト2】

①往復《おうふく》
②価格《かかく》
③検査《けんさ》
④清潔《せいけつ》
⑤期限《きげん》
⑥仕事《しごと》に責任《せきにん》をもつ。
⑦わからないことを質問《しつもん》した。
⑧才能《さいのう》を感《かん》じる。
⑨電車《でんしゃ》が通過《つうか》した。
⑩夢《ゆめ》を大切《たいせつ》にする。

すてっぷ5
計算

● 小数《しょうすう》の四則計算《しそくけいさん》ができるようになろう!
●分数《ぶんすう》の足《た》し算《ざん》・引《ひ》き算《ざん》のやり方《かた》を学《まな》ぼう!
● 「平均《へいきん》」「割合《わりあい》」「速《はや》さ」などの計算《けいさん》にちょう戦《せん》しよう!

すてっぷ5の力《ちから》をチェック!

□ 整数《せいすう》の四則計算《しそくけいさん》ができる。
□ 分数《ぶんすう》や小数《しょうすう》がどんな数《かず》かわかる。
□ 小数《しょうすう》の足《た》し算《ざん》・引《ひ》き算《ざん》ができる。
□ 分母《ぶんぼ》が同《おな》じ分数《ぶんすう》の足《た》し算《ざん》・引《ひ》き算《ざん》ができる。
□ 「倍数《ばいすう》」「約数《やくすう》」「約分《やくぶん》」「通分《つうぶん》」などの言葉《ことば》の意味《いみ》がわかる。
□ 「平均《へいきん》」「割合《わりあい》」「速《はや》さ」などの言葉《ことば》の意味《いみ》がわかる。

（　　　　）月（　　　　）日（　　　　）曜日

復習①わり算の筆算

計算《けいさん》をしましょう。（あまりがあるものもあります。大《おお》きく書《か》きたい人《ひと》は、別《べつ》の紙《かみ》に写《うつ》して取《と》り組《く》んでもいいよ！）

(1)

$$\begin{array}{r} \square\square \\ 4\overline{)\,2\;3\;6} \\ \square\square \\ \hline \square\square \\ \square\square \\ \hline \square \end{array}$$

(2)

$$7\overline{)\,9\;9\;7}$$

(3)

$$32\overline{)\,1\;8\;5\;6}$$

(4)

$$27\overline{)\,2\;0\;5\;2}$$

スペシャル 問題《もんだい》！

35人《にん》で420羽《わ》の折《お》りヅルを作《つく》ります。1人何羽《ひとりなんわ》折《お》るとよいですか？

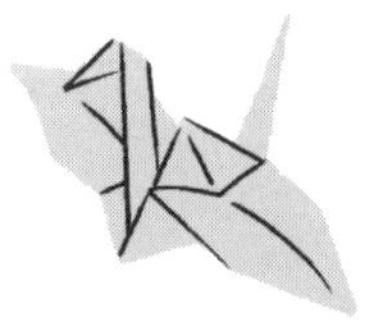

式《しき》 420÷35＝

答《こた》え　　　羽《わ》

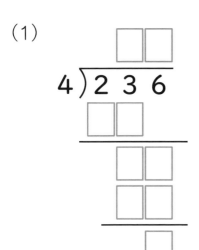

すてっぷ
5
計算 2

(　　　　)月(　　　　)日(　　　　　　)曜日

復習②小数・分数の計算

1 小数《しょうすう》の計算《けいさん》をしましょう。

(1)
$$\begin{array}{r} 7.5 \\ \times\ 3\ 9 \\ \hline \end{array}$$

(2)
$$34 \overline{)\,9.86}$$

2 分数《ぶんすう》の計算《けいさん》をしましょう。

(1) $\dfrac{5}{7} + 1\dfrac{3}{7}$

(2) $2\dfrac{1}{9} - \dfrac{5}{9}$

スペシャル 問題《もんだい》！

色《いろ》のついている部分《ぶぶん》を、仮分数《かぶんすう》と帯分数《たいぶんすう》で表《あらわ》しましょう。

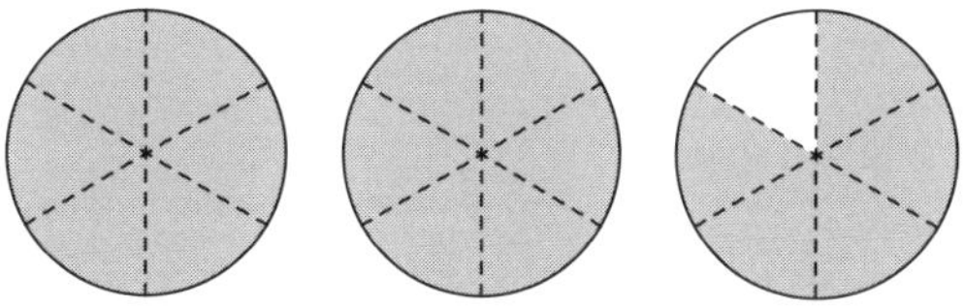

仮分数《かぶんすう》　帯分数《たいぶんすう》

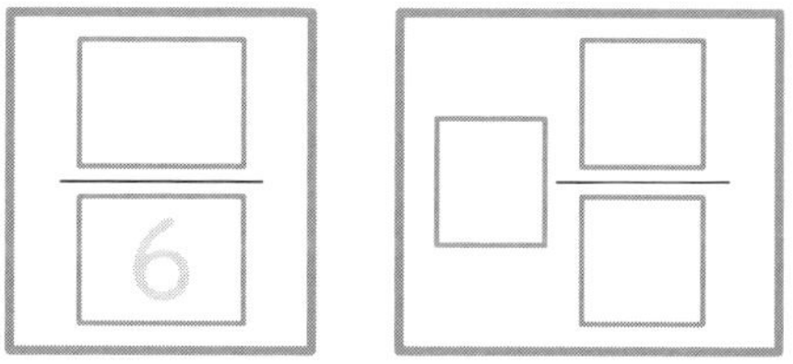

すてっぷ 5
計算 3

(　　　)月(　　　)日(　　　)曜日

復習③式と計算

計算《けいさん》の順序《じゅんじょ》に気《き》をつけて、次《つぎ》の計算《けいさん》をしましょう。

ヒント ①(　)の中《なか》を先《さき》に計算《けいさん》しよう！　②×÷を先《さき》に計算《けいさん》しよう！

(1) $800-(152+324)$

(2) $7+21\times3$

(3) $56\div(16-9)$

(4) $95-48\div3$

(5) $21\times4+63\div7$

(6) $48\div2-64\div8$

スペシャル　問題《もんだい》！

470円《えん》のケーキと、385円《えん》のシュークリームを買《か》って
1000円《えん》出《だ》すと、おつりは何円《なんえん》ですか？
(　)を使《つか》って1つの式《しき》に書《か》いて求《もと》めましょう。

式《しき》
1000－(□＋□)＝

答《こた》え
円《えん》

すてっぷ
5
計算 4

（　　　　）月（　　　　）日（　　　　）曜日

小数×小数の計算①

例《れい》を見《み》て、小数同士《しょうすうどうし》のかけ算《ざん》にちょう戦《せん》しましょう。

(例《れい》)

```
   3.2 → 1 けた
          +
 × 1.3 → 1 けた
 ─────
    96
   32
 ─────
  4.16 ← 2 けた
```

小数点《しょうすうてん》の右側《みぎがわ》の数字《すうじ》を数《かぞ》えて、答《こた》えに小数点《しょうすうてん》を打《う》とう！

同《おな》じようにやってみよう！

```
   3.2 → □ けた
          +
 × 1.3 → □ けた
 ─────
   □□
  □□
 ─────
  □.□□ ← □ けた
```

(1)

```
   1.7 → 1 けた
          +
 × 8.3 → 1 けた
 ─────
```

(2)

```
   0.3 → □ けた
          +
 × 58  → 0 けた
 ─────
```

スペシャル 問題《もんだい》！

7.3cm

4.5cm

このカードの面積《めんせき》を求《もと》めましょう！

たて×横《よこ》だね。

式《しき》	答《こた》え　　　　㎠

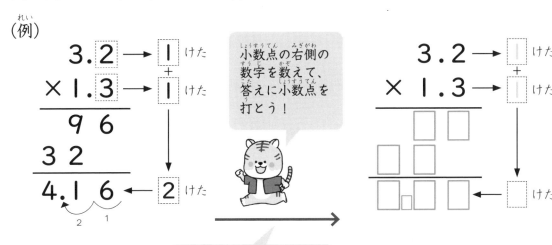

すてっぷ 5

計算 5

小数×小数の計算②

( )月 ( )日 ( )曜日

小数同士《しょうすうどうし》のかけ算《ざん》に取《と》り組《く》みましょう。

(1)

$$\begin{array}{r} 4.3 \\ \times\ 0.65 \\ \hline \end{array}$$

4.3 → □けた
＋
0.65 → □けた

(2)

$$\begin{array}{r} 8.2 \\ \times\ 3.6 \\ \hline \end{array}$$

(3)

$$\begin{array}{r} 0.79 \\ \times\ 7.5 \\ \hline \end{array}$$

(4)

$$\begin{array}{r} 1.43 \\ \times\ 0.75 \\ \hline \end{array}$$

スペシャル 問題《もんだい》!

1m200円《えん》のリボンを買《か》いました。代金《だいきん》が200円《えん》より少《すく》なかったのは、だれですか？

ひかりさん	めいさん	ゆきさん
2.3m	0.9m	1.2m

長《なが》さ＜1mのとき、
代金《だいきん》＜200円《えん》になるよ！

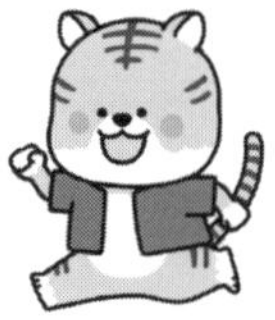

答《こた》え

さん

すてっぷ 5 計算 6

（　　　）月（　　　）日（　　　　　）曜日

小数÷小数の計算①

例《れい》を見《み》て、小数同士《しょうすうどうし》のわり算《ざん》にちょう戦《せん》しましょう。

（例《れい》）

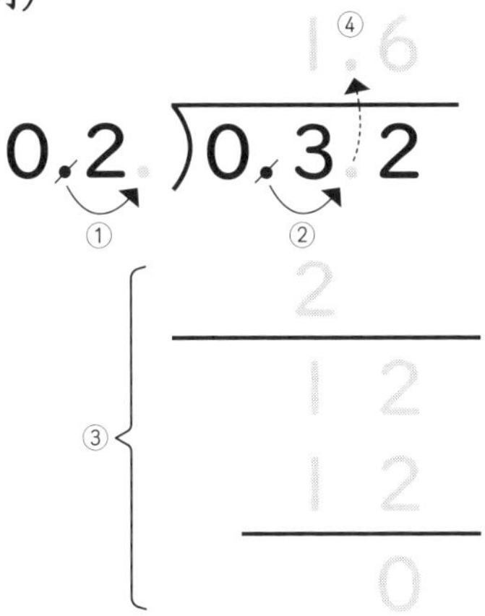

④
1.6
0.2) 0.3 2
①
②
2
1 2
1 2
0
③

① わる数《かず》が整数《せいすう》になるよう、小数点《しょうすうてん》を右《みぎ》に動《うご》かします。
② ①と同《おな》じけた数《かず》だけ、小《しょう》数点《すうてん》を右《みぎ》に動《うご》かします。
③ 小数点《しょうすうてん》は気《き》にせず計算《けいさん》します。
④ わられる数《かず》の動《うご》かした後《あと》の小数点《しょうすうてん》に合《あ》わせて答《こた》えの小数点《しょうすうてん》を打《う》ちます。

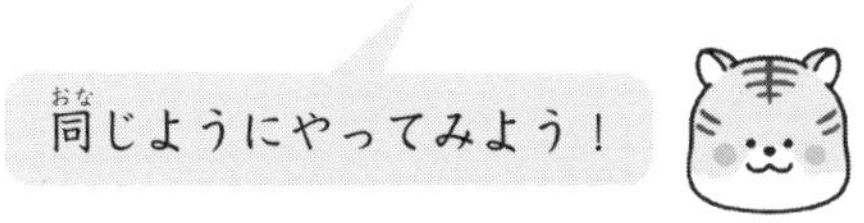

同《おな》じようにやってみよう！

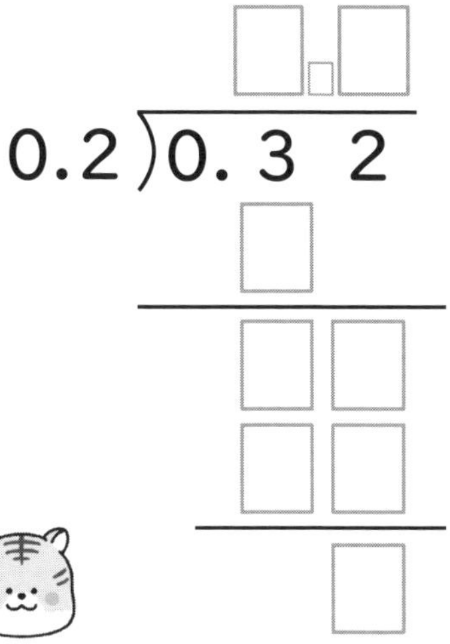

0.2) 0. 3 2

（1）

0.4) 3.32

（2）

1.4) 2 9 4 0.

わる数《かず》に合《あ》わせて10倍《ばい》

スペシャル　問題《もんだい》！

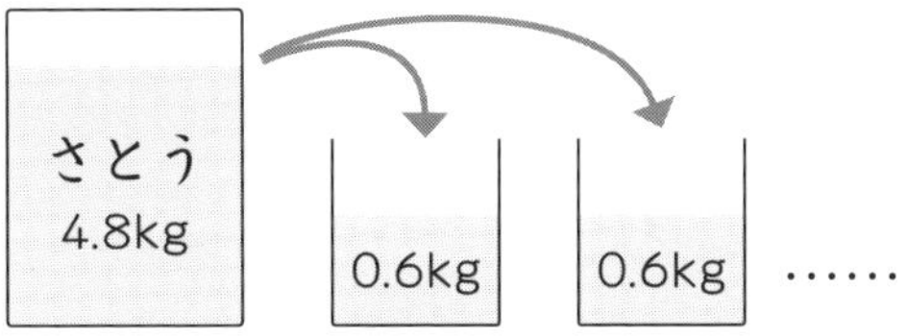

さとう
4.8kg
0.6kg
0.6kg
……

4.8kgのさとうを0.6kgずつふくろに分《わ》けると、何《なん》ふくろできますか？

式《しき》

4.8÷0.6＝

答《こた》え

ふくろ

すてっぷ 5
計算 7

（　　　）月（　　　）日（　　　）曜日

小数÷小数の計算②

例《れい》を見《み》て、わり算《ざん》の商《しょう》（答《こた》え）を小数第一位《しょうすうだいいちい》まで求《もと》め、あまりも出《だ》しましょう。

(例《れい》)

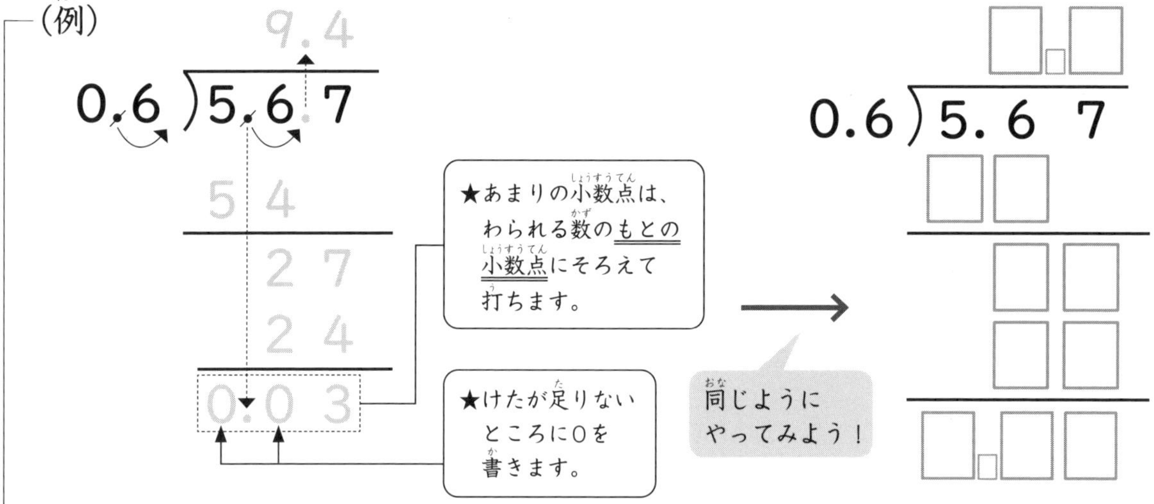

0.6) 5.6 7
9.4
5 4
2 7
2 4
0.0 3
★あまりの小数点《しょうすうてん》は、わられる数《かず》のもとの小数点《しょうすうてん》にそろえて打《う》ちます。
★けたが足《た》りないところに0を書《か》きます。
同《おな》じようにやってみよう！
0.6) 5. 6 7

(1)　2.4) 3.43

筆算《ひっさん》は別《べつ》の紙《かみ》に書《か》こう！

(2)　0.45) 6.022

筆算《ひっさん》は別《べつ》の紙《かみ》に書《か》こう！

スペシャル問題《もんだい》！

「例《れい》」の確《たし》かめ算《ざん》をしてみよう！

電《でん》たくを使《つか》ってもいいよ！計算《けいさん》して確《たし》かめよう！

わる数《かず》×商《しょう》（答《こた》え）＋あまり＝わられる数《かず》　なので

わる数《かず》		商《しょう》		あまり		わられる数《かず》
0.6	×	9.4	＋	0.03	＝	5.67

「例《れい》」の確《たし》かめ算《ざん》ができたら、(1)の確《たし》かめ算《ざん》もしてみよう！

(1) 2.4×［　　　］＋［　　　］＝3.43

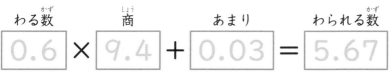

すてっぷ 5
計算 8

（　　　）月（　　　）日（　　　）曜日

小数÷小数の計算③

例《れい》を見《み》て、わり切《き》れるまで計算《けいさん》しましょう。

（例《れい》）

```
        5.75
0.4 )2.3
     2 0
     ----
       3 0
       2 8
       ----
         20
         20
         ----
          0
```

★0を付《つ》け足《た》して、あまりが0になるまで計算《けいさん》を続《つづ》けよう！

→

同《おな》じようにやってみよう！

```
        □.□□
0.4 )2. 3
     □□
     ----
       □□
       □□
       ----
         □□
         □□
         ----
          □
```

（1）　$1.6\,\overline{)\,7.6}$

筆算《ひっさん》は別《べつ》の紙《かみ》に書《か》こう！

（2）　$0.8\,\overline{)\,5.0}$

筆算《ひっさん》は別《べつ》の紙《かみ》に書《か》こう！

スペシャル　問題《もんだい》！

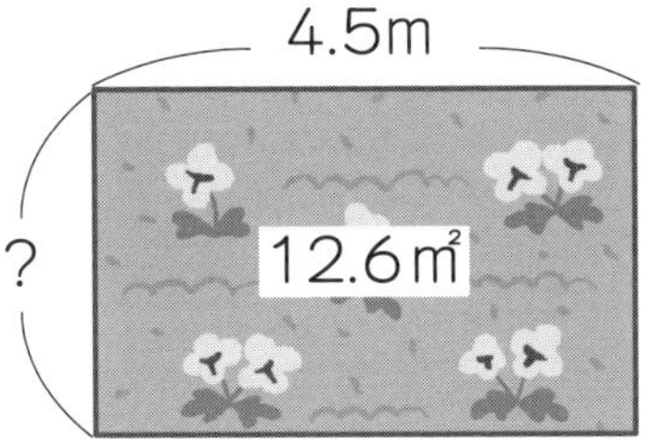

この花《か》だんのたての長《なが》さは何《なん》mですか？

たて×横《よこ》＝面積《めんせき》なので、
面積《めんせき》÷横《よこ》＝たて の計算《けいさん》を
すればいいよ！

式《しき》　12.6÷4.5＝	答《こた》え　　　　m

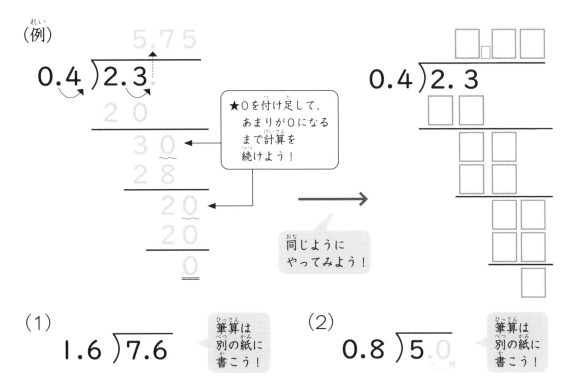

(　　　　)月(　　　　)日(　　　　　　)曜日

小数÷小数の計算④

小数同士《しょうすうどうし》のわり算《ざん》をしましょう。(3) (4) はわり切《き》れるまで計算《けいさん》しましょう。

(1)
2.1) 6.51

(2)
1.9) 7.41

(3)
0.8) 6.7

(4)
3.72) 5.58

スペシャル　問題《もんだい》!

35をいろいろな数《かず》でわりました。商《しょう》(答《こた》え) が35より大《おお》きくなるのはどれですか?

| 35÷1 | 35÷0.7 | 35÷5 |

1より小《ちい》さい数《かず》でわると、
商《しょう》はわられる数《かず》より
大《おお》きくなるよ!

答《こた》え

すてっぷ
5
計算 10

（　　　）月（　　　）日（　　　　　）曜日

倍数①

倍数《ばいすう》……ある数《かず》を**何倍《なんばい》**かにした数《かず》のこと。

（例《れい》）3の倍数《ばいすう》は、小《ちい》さいほうから 3、6、9、12 …と続《つづ》きます。

3×1　3×2　3×3　3×4

次《つぎ》の数《かず》の倍数《ばいすう》を、小《ちい》さいほうから順《じゅん》に5つ書《か》きましょう。

（1） 5

5×1　5×2　5×3　5×4　5×5

（□、□、□、□、□）

（2） 7

（□、□、□、□、□）

（3） 10

（□、□、□、□、□）

スペシャル 問題《もんだい》！

次《つぎ》の数《かず》のうちで、4の倍数《ばいすう》はどれですか？　全《すべ》てに○をつけましょう。

4、14、34、54、64、84、94

ヒント 4の倍数《ばいすう》は4でわり切《き》れるよ！

すてっぷ 5 計算 11

（　　　　）月（　　　　）日（　　　　　）曜日

倍数②

公倍数《こうばいすう》………いくつかの数《かず》に共通《きょうつう》する倍数《ばいすう》のこと。
最小公倍数《さいしょうこうばいすう》…公倍数《こうばいすう》の中《なか》で一番小《いちばんちい》さいもの。

（1）４と６の公倍数《こうばいすう》を小《ちい》さいほうから順《じゅん》に３つ書《か》きましょう。

4の倍数《ばいすう》	4	8	12	16	20	24	28	32	36	40	…
6の倍数《ばいすう》	6	12	18	24	30	36	42	48	54	60	…

最小公倍数《さいしょうこうばいすう》　　★あと１つ、共通《きょうつう》の倍数《ばいすう》をさがしてみよう！

答《こた》え　12、□、□

（2）６と９の公倍数《こうばいすう》を小《ちい》さいほうから順《じゅん》に３つ書《か》きましょう。

6の倍数《ばいすう》	6									…
9の倍数《ばいすう》										…

最小公倍数《さいしょうこうばいすう》

答《こた》え　□、□、□

スペシャル　問題《もんだい》！

１から36までの数表《すうひょう》があります。
２の倍数《ばいすう》と５の倍数《ばいすう》に色《いろ》をぬりましょう。

2	33	16	14	35	25
4	9	18	31	27	15
6	23	20	1	19	5
8	11	22	21	7	36
10	3	24	29	13	34
12	17	26	28	30	32

すてっぷ 5
計算 12

(　　　)月(　　　)日(　　　　)曜日

約数①

約数《やくすう》……ある数《かず》を**わり切**《き》**ることのできる整数**《せいすう》のこと。

(例《れい》)

8の約数《やくすう》	1	2	3	4	5	6	7	8
	○	○	×	○	×	×	×	○

8÷1=8　8÷2=4　8÷4=2　8÷8=1

8の約数《やくすう》は、1、2、4、8です。

次《つぎ》の数《かず》の約数《やくすう》を、全《すべ》て書《か》きましょう。

(1) 6

(□、□、□、□)

(2) 12

(□、□、□、□、□、□)

スペシャル 問題《もんだい》**！**

10の約数《やくすう》は全部《ぜんぶ》で4つあります。約数《やくすう》に○をつけましょう。

1	2	3	4	5	6	7	8	9	10
○	○	×							

10÷[1]=10　10÷[2]=5　10÷[3]=3.33…

あと2つ、1〜3と同《おな》じようにさがしてみよう！

(　　　)月(　　　)日(　　　　)曜日

約数②

公約数《こうやくすう》……… いくつかの数《かず》に共通《きょうつう》する約数《やくすう》。
最大公約数《さいだいこうやくすう》…. 公約数《こうやくすう》の中《なか》で一番大《いちばんおお》きいもの。

次《つぎ》の２つの数《かず》の約数《やくすう》の表《ひょう》を完成《かんせい》させ、公約数《こうやくすう》を○で囲《かこ》み、線《せん》でつなぎましょう。また、最大公約数《さいだいこうやくすう》を書《か》きましょう。

(1) 8と12

8の約数《やくすう》	1	2	4	8	×	×
12の約数《やくすう》	1	2	3	4	6	12

最大公約数《さいだいこうやくすう》は □

(2) 12と16

12の約数《やくすう》	1					
16の約数《やくすう》						×

最大公約数《さいだいこうやくすう》は □

スペシャル 問題《もんだい》！

男子《だんし》が24人《にん》、女子《じょし》が32人《にん》います。それぞれ同《おな》じ人数《にんずう》ずつに分《わ》かれて男女《だんじょ》のグループを作《つく》り、あまる人《ひと》が出《で》ないようにします。できるだけ多《おお》くのグループを作《つく》るには、何《なん》グループ作《つく》るとよいですか？

ヒント 24と32の最大公約数《さいだいこうやくすう》をさがそう！

24の約数《やくすう》								
32の約数《やくすう》							×	×

答《こた》え
　　　　　グループ

すてっぷ 5
計算 14

（　　　　）月（　　　　）日（　　　　　　）曜日

約分

約分《やくぶん》……分数《ぶんすう》をかん単《たん》な数《かず》にすること。分母《ぶんぼ》と分子《ぶんし》が同《おな》じ数《かず》でわれるときはわり、できるだけ小《ちい》さな数《かず》になるようにする。

(例《れい》) $\frac{8}{12}$ を約分《やくぶん》しましょう。

$$\frac{8}{12} = \frac{8 \div \boxed{4}}{12 \div \boxed{4}} = \boxed{\frac{\quad}{\quad}}$$

①8と12の最大公約数《さいだいこうやくすう》を求《もと》めます。

②8と12の最大公約数《さいだいこうやくすう》4で分母《ぶんぼ》と分子《ぶんし》をわります。

★最大公約数《さいだいこうやくすう》が見《み》つけられないときは、2で2回《かい》わってもいいよ！

次《つぎ》の分数《ぶんすう》を約分《やくぶん》しましょう。

(1) $\frac{2}{8} = \boxed{\frac{\quad}{\quad}}$　　(2) $\frac{10}{12} = \boxed{\frac{\quad}{\quad}}$

(3) $\frac{4}{20} = \boxed{\frac{\quad}{\quad}}$　　(4) $\frac{30}{48} = \boxed{\frac{\quad}{\quad}}$

スペシャル　問題《もんだい》！

分母《ぶんぼ》と分子《ぶんし》に同《おな》じ数《かず》をかけると、同《おな》じ大《おお》きさの分数《ぶんすう》ができます。

(例《れい》)

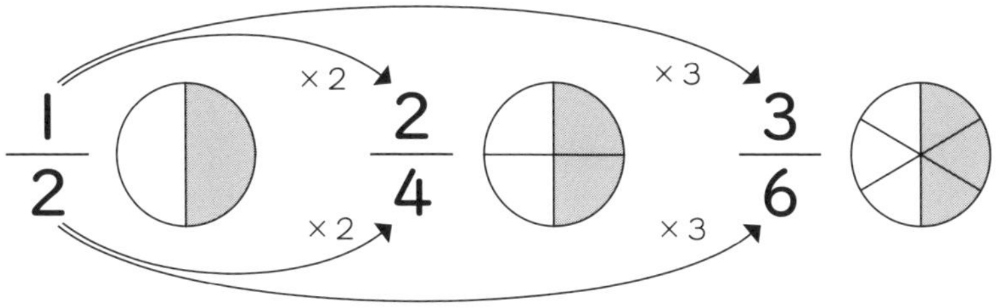

等《ひと》しい分数《ぶんすう》を2つ書《か》きましょう。

$$\frac{2}{3} = \frac{\square}{6} = \frac{\square}{9}$$

(　　　　)月(　　　　)日(　　　　　)曜日

通分

通分《つうぶん》……分母《ぶんぼ》がちがう分数《ぶんすう》を、分母《ぶんぼ》が同《おな》じ分数《ぶんすう》に直《なお》すこと。

(例《れい》) $\frac{4}{5}$と$\frac{3}{4}$を通分《つうぶん》しましょう。

$\left(\frac{4}{5}, \frac{3}{4}\right)$ ①まず分母同士《ぶんぼどうし》の最小公倍数《さいしょうこうばいすう》を求《もと》めます。

$5 \times 4 = \boxed{20}$

②分母《ぶんぼ》と同《おな》じ数《かず》を分子《ぶんし》にかけて、分母《ぶんぼ》を$\boxed{20}$にそろえます。

×4　×5

$$\left(\frac{4}{5}, \frac{3}{4}\right) = \left(\frac{\square}{\boxed{20}}, \frac{\square}{\boxed{20}}\right)$$

×4　×5

次《つぎ》の分数《ぶんすう》を通分《つうぶん》しましょう。

(1) $\left(\frac{1}{2}, \frac{2}{3}\right) = \left(\frac{\square}{\boxed{6}}, \frac{\square}{\boxed{6}}\right)$

2と3の最小公倍数《さいしょうこうばいすう》は$\boxed{6}$!

(2) $\left(\frac{2}{5}, \frac{9}{10}\right) = \left(\frac{\square}{\square}, \frac{\square}{\square}\right)$

5と10の最小公倍数《さいしょうこうばいすう》は$\square$!

スペシャル問題《もんだい》!　3つの分数《ぶんすう》を通分《つうぶん》しましょう。

×3　×8　×12

$$\left(\frac{3}{8}, \frac{2}{3}, \frac{1}{2}\right) = \left(\frac{\square}{\boxed{24}}, \frac{\square}{\boxed{24}}, \frac{\square}{\boxed{24}}\right)$$

×3　×8　×12

8、3、2の最小公倍数《さいしょうこうばいすう》は$\boxed{24}$です!

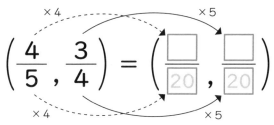

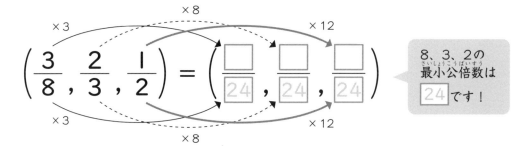

すてっぷ 5
計算 16

(　　　)月(　　　)日(　　　　　)曜日

分母がちがう分数の足し算

通分《つうぶん》をしてから計算《けいさん》しましょう。(答《こた》えが約分《やくぶん》できるときは、約分《やくぶん》します。)

(例《れい》)

$$\frac{3}{4}+\frac{1}{12}=\frac{\boxed{9}}{\boxed{12}}+\frac{\boxed{1}}{\boxed{12}}=\frac{\cancel{10}\div\boxed{2}=\square}{\cancel{12}\div\boxed{2}=\square}=\boxed{\frac{5}{6}}$$

×3　×1
×3　×1

①通分《つうぶん》してから計算《けいさん》します。　②分母《ぶんぼ》と分子《ぶんし》を同《おな》じ数《かず》2でわります。

次《つぎ》の計算《けいさん》をしましょう。

(1) $\frac{1}{2}+\frac{1}{8}=\frac{\square}{\boxed{8}}+\frac{\square}{\boxed{8}}=\boxed{\frac{}{8}}$

(2) $\frac{4}{5}+\frac{1}{3}=\frac{\square}{\square}+\frac{\square}{\square}=\boxed{\frac{}{}}$

スペシャル　問題《もんだい》！

麦茶《むぎちゃ》が水《すい》とうに $\frac{8}{15}$ L、
コップに $\frac{1}{6}$ L入《はい》っています。
合《あ》わせて何《なん》Lですか？

式《しき》 $\frac{8}{15}+\frac{1}{6}=$	答《こた》え　　L

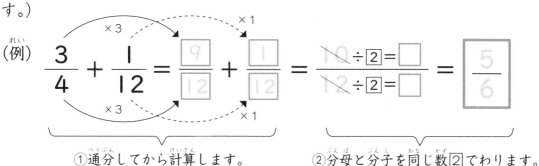

（　　　）月（　　　）日（　　　）曜日

分母がちがう分数の引き算

通分《つうぶん》してから計算《けいさん》しましょう。（答《こた》えが約分《やくぶん》できるときは約分《やくぶん》します。）

（例《れい》）

$$\frac{3}{4}-\frac{1}{12}=\frac{\boxed{9}}{\boxed{12}}-\frac{\boxed{1}}{\boxed{12}}=\frac{\cancel{8}\div\boxed{4}=\square}{\cancel{12}\div\boxed{4}=\square}=\boxed{\frac{2}{3}}$$

×3　×1　×3　×1

①通分《つうぶん》してから計算《けいさん》します。　②分母《ぶんぼ》と分子《ぶんし》を同《おな》じ数《かず》4でわります。

次《つぎ》の計算《けいさん》をしましょう。

（1）$\frac{3}{5}-\frac{1}{4}=\frac{\square}{\boxed{20}}-\frac{\square}{\boxed{20}}=\boxed{\frac{\quad}{\quad}}$

（2）$\frac{5}{6}-\frac{8}{15}=\frac{\square}{\boxed{30}}-\frac{\square}{\boxed{30}}=\frac{\cancel{9}\ \div 3=\square}{\cancel{30}\ \div 3=\square}=\boxed{\frac{\quad}{\quad}}$

約分《やくぶん》

スペシャル　問題《もんだい》！

オレンジジュースが $\frac{2}{3}$ L、
りんごジュースが $\frac{1}{2}$ L あります。
ちがいは何《なん》L ですか？

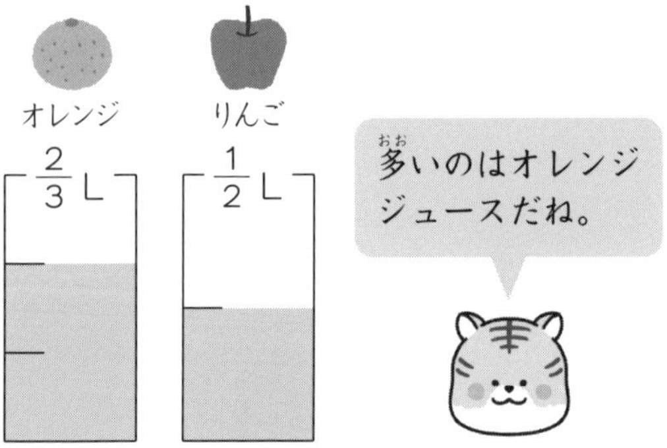

式《しき》　$\frac{2}{3}-\frac{1}{2}=$

答《こた》え　　　　L

すてっぷ 5
計算 18

(　　　　)月(　　　　)日(　　　　)曜日

分母がちがう分数の足し算・引き算

帯分数《たいぶんすう》は、仮分数《かぶんすう》に直《なお》して計算《けいさん》します。

(例《れい》) $1\frac{1}{4}+1\frac{1}{5}=\frac{5}{4}+\frac{6}{5}=\frac{25}{20}+\frac{24}{20}=\frac{\square}{20}$

①帯分数《たいぶんすう》を仮分数《かぶんすう》に直《なお》します。

$1\frac{1}{4}=\frac{4}{4}+\frac{1}{4}$　　$1\frac{1}{5}=\frac{5}{5}+\frac{1}{5}$

②通分《つうぶん》して計算《けいさん》します。

次《つぎ》の計算《けいさん》をしましょう。

仮分数《かぶんすう》に直《なお》そう！　　通分《つうぶん》しよう！

(1) $1\frac{2}{7}-1\frac{1}{4}=\frac{\square}{7}-\frac{\square}{4}=\frac{\square}{28}-\frac{\square}{28}=\frac{\square}{\square}$

仮分数《かぶんすう》に直《なお》そう！　　通分《つうぶん》しよう！

(2) $2\frac{1}{3}+1\frac{1}{2}=\frac{\square}{3}+\frac{\square}{2}=\frac{\square}{6}+\frac{\square}{6}=\frac{\square}{\square}$

$=\frac{3}{3}+\frac{3}{3}+\frac{1}{3}$

スペシャル 問題《もんだい》！

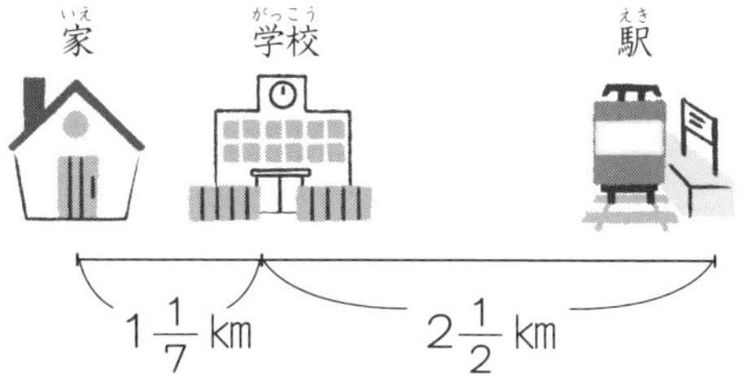

家《いえ》から学校《がっこう》まで、$1\frac{1}{7}$kmあります。
学校《がっこう》から駅《えき》まで$2\frac{1}{2}$kmあります。
家《いえ》から学校《がっこう》を通《とお》って駅《えき》まで、何《なん》kmありますか？

式《しき》 $1\frac{1}{7}+2\frac{1}{2}=$

答《こた》え　　km

（　　　）月（　　　）日（　　　）曜日

３つの分数の足し算・引き算①

３つの分数《ぶんすう》の足《た》し算《ざん》・引《ひ》き算《ざん》をするときも、通分《つうぶん》をしてから計算《けいさん》します。

（例《れい》）

15＋8－14

$$\frac{3}{4}+\frac{2}{5}-\frac{7}{10}=\frac{\square}{20}+\frac{\square}{20}-\frac{\square}{20}=\frac{\square}{20}$$

次《つぎ》の計算《けいさん》をしましょう。

（1）
$$\frac{5}{2}-\frac{3}{5}-\frac{1}{4}=\frac{\square}{20}-\frac{\square}{20}-\frac{\square}{20}=\frac{\square}{\square}$$

（2）
$$\frac{2}{3}-\frac{1}{4}+\frac{5}{6}=\frac{\square}{\square}-\frac{\square}{\square}+\frac{\square}{\square}=\frac{\square}{\square}=\frac{\square}{\square}$$

約分《やくぶん》

スペシャル　問題《もんだい》！

ペットボトルに、お茶《ちゃ》が $\frac{19}{12}$ L入《はい》っています。
兄《あに》が $\frac{3}{8}$ L、弟《おとうと》が $\frac{1}{6}$ L飲《の》みました。
残《のこ》りは何《なん》Lですか？

式《しき》 $\frac{19}{12}-\frac{3}{8}-\frac{1}{6}=$

答《こた》え　　　　L

（　　　）月（　　　）日（　　　）曜日

３つの分数の足し算・引き算②

1 次《つぎ》の分数《ぶんすう》を通分《つうぶん》しましょう。

(1) $\left(\frac{3}{8}, \frac{2}{3}, \frac{1}{2}\right) = \left(\frac{}{}, \frac{}{}, \frac{}{}\right)$

(2) $\left(\frac{1}{2}, \frac{3}{5}, \frac{5}{6}\right) = \left(\frac{}{}, \frac{}{}, \frac{}{}\right)$

2 次《つぎ》の計算《けいさん》をしましょう。

（２）は約分《やくぶん》を
わすれないように
しよう！

(1) $\frac{1}{4} + \frac{1}{3} - \frac{1}{2}$

(2) $\frac{9}{10} - \frac{1}{6} - \frac{7}{12}$

スペシャル　問題《もんだい》！

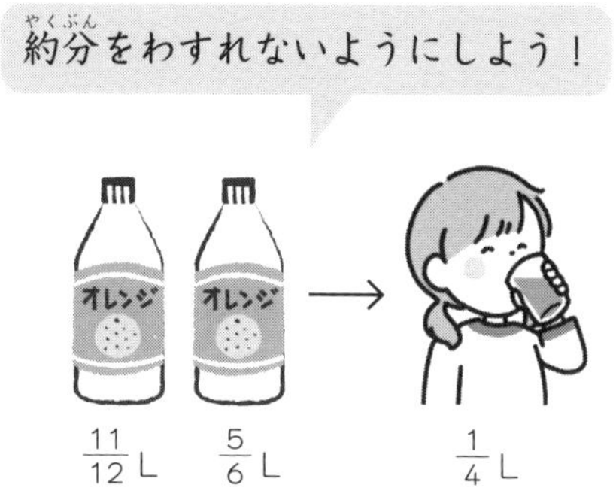
約分《やくぶん》をわすれないようにしよう！
オレンジ
オレンジ
$\frac{11}{12}$ L
$\frac{5}{6}$ L
$\frac{1}{4}$ L

２本《ほん》のペットボトルに、それぞれ $\frac{11}{12}$ L、$\frac{5}{6}$ L のジュースが入《はい》っています。そのうち $\frac{1}{4}$ L を飲《の》みました。残《のこ》りは何《なん》L ですか？

式《しき》 $\frac{11}{12} + \frac{5}{6} - \frac{1}{4} =$

答《こた》え　　L

（　　　）月（　　　）日（　　　）曜日

分数の大きさ比べ

分母《ぶんぼ》のちがう分数《ぶんすう》の大《おお》きさを通分《つうぶん》して比《くら》べましょう。

（例《れい》）

$\frac{56}{40} = \frac{7}{5}$ ＞ $\frac{11}{8} = \frac{55}{40}$

通分《つうぶん》！　　通分《つうぶん》！

大《おお》きさのちがいが分《わ》かりやすくなるね！

（1）　$\frac{\square}{36} = \frac{5}{9}$ □ $\frac{7}{12} = \frac{\square}{36}$

（2）　$\frac{\square}{\square} = \frac{3}{10}$ □ $\frac{1}{6} = \frac{\square}{\square}$

スペシャル　問題《もんだい》！

どちらのジュースが多《おお》いですか？　通分《つうぶん》して比《くら》べましょう。

$\frac{9}{8}$L $= \frac{\square}{\square}$L

オレンジジュース

$\frac{5}{6}$L $= \frac{\square}{\square}$L

りんごジュース

答《こた》え

　　　　　　　のほうが多《おお》い。

（　　　）月（　　　）日（　　　　）曜日

わり算の商を分数で表す

わり算《ざん》の商《しょう》（答《こた》え）を分数《ぶんすう》で表《あらわ》すことができます。

（例《れい》）

$6 \div 7 = 0.85714\cdots$ → 分数《ぶんすう》で表《あらわ》すと → $6 \div 7 = \frac{6}{7}$

わられる数《かず》（6）→ 分子、わる数《かず》（7）→ 分母

わられる数《かず》（6）が分子《ぶんし》、
わる数《かず》（7）が分母《ぶんぼ》になるね！

次《つぎ》の計算《けいさん》をしましょう。

（1）$1 \div 6 = \frac{\square}{6}$　　（2）$4 \div 7 = \frac{\square}{\square}$

（3）$5 \div 13$　　（4）$20 \div 3$

スペシャル 問題《もんだい》！

スポーツドリンクが2Lあります。7人で分《わ》けると、1人分《ひとりぶん》は何《なん》Lですか？ 分数《ぶんすう》で答《こた》えましょう。

式《しき》　$2 \div 7 =$

答《こた》え　　　L

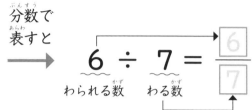

すてっぷ 5 計算 23

(　　　　)月(　　　　)日(　　　　　　)曜日

分数を小数で表す

分数《ぶんすう》を小数《しょうすう》で表《あらわ》すには、分子《ぶんし》÷分母《ぶんぼ》の計算《けいさん》をします。

(例《れい》)

$\frac{4}{5}$ ＝ 4 ÷ 5 ＝ [0.8]

分子《ぶんし》　分母《ぶんぼ》

```
    0.8
5 ) 4 0
    4 0
    ---
      0
```

筆算《ひっさん》で計算《けいさん》しよう！

次《つぎ》の分数《ぶんすう》を小数《しょうすう》で表《あらわ》しましょう。(筆算《ひっさん》は別《べつ》の紙《かみ》に書《か》こう！)

(1) $\frac{3}{4}$ ＝ [3] ÷ [　] ＝

(2) $\frac{7}{5}$ ＝ [　] ÷ [　] ＝

(3) $\frac{5}{2}$

(4) $\frac{9}{4}$

スペシャル 問題《もんだい》！

分数《ぶんすう》を小数《しょうすう》に直《なお》し、大《おお》きい順《じゅん》に書《か》きましょう。

[$\frac{5}{4}$]、[$\frac{6}{5}$]、[0.7]、[1.15]

小数《しょうすう》にすると？

↓ [　]　↓ [　]

小数《しょうすう》で答《こた》えよう。

答《こた》え　　＞　　＞　　＞

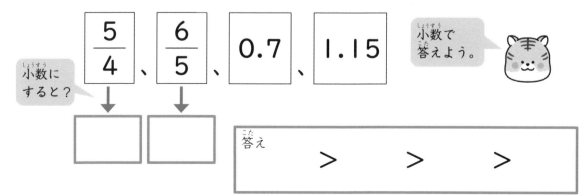

すてっぷ
5
計算 24

(　　　　)月(　　　　)日(　　　　)曜日

小数を分数で表す

小数《しょうすう》は、分母《ぶんぼ》が10、100、1000などの分数《ぶんすう》で表《あらわ》すことができます。

(例《れい》)

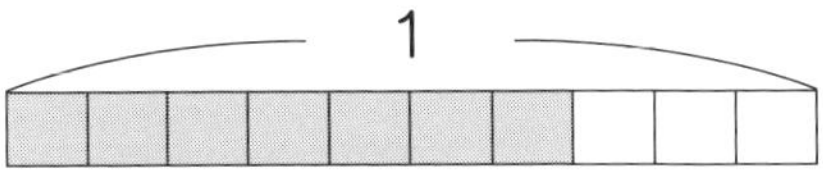

0.7 は1を**10**に分《わ》けたうちの**7**つ分《ぶん》なので $\frac{7}{10}$ と表《あらわ》せます。

$0.07=\frac{7}{100}$、$0.007=\frac{7}{1000}$ だね！

次《つぎ》の小数《しょうすう》を分数《ぶんすう》で表《あらわ》しましょう。

(1) $0.73=\frac{\square}{100}$

(2) $0.4=\frac{4 \div 2=\square}{10 \div 2=\square}=\frac{\square}{5}$

約分《やくぶん》できるときはしよう！

(3) $0.8=\frac{\square}{10}=$

約分《やくぶん》できるかな？

(4) $3.2=\frac{\square}{10}=$

約分《やくぶん》できるかな？

スペシャル問題《もんだい》！

整数《せいすう》を分数《ぶんすう》で表《あらわ》してみましょう。

整数《せいすう》は、1を分母《ぶんぼ》とする分数《ぶんすう》で表《あらわ》せるよ。　$3=\frac{3}{1}$、$5=\frac{5}{1}$

(1) $7=\frac{\square}{1}$

(2) $13=\frac{\square}{\square}$

(3) $21=\frac{\square}{\square}$

（　　）月（　　）日（　　）曜日

計算の関係

●足《た》し算《ざん》と引《ひ》き算《ざん》の関係《かんけい》

$1 + 2 = 3$
$3 - 2 = 1$

$3 - 2 = 1$
$2 + 1 = 3$

[1] 計算《けいさん》の関係《かんけい》を利用《りよう》して、確《たし》かめ算《ざん》をしよう！

(1)　$325 + 527 = 852$

$852 - 527 = \square$

(2)　$903 - 289 = 614$

$\square + \square = \square$

電《でん》たくを使《つか》っても
いいよ！

●かけ算《ざん》とわり算《ざん》の関係《かんけい》

$2 \times 3 = 6$
$6 \div 3 = 2$

$6 \div 3 = 2$
$2 \times 3 = 6$

[2] 計算《けいさん》の関係《かんけい》を利用《りよう》して、確《たし》かめ算《ざん》をしよう！

(1)　$32 \times 45 = 1440$

$1440 \div 45 = \square$

(2)　$364 \div 14 = 26$

$\square \times \square = \square$

電《でん》たくを使《つか》っても
いいよ！

すてっぷ
5
計算 26

「平均」の計算①

（　　　）月（　　　）日（　　　　）曜日

平均《へいきん》……いくつかの数量《すうりょう》を同《おな》じ大《おお》きさになるようにならしたもの。

平均《へいきん》＝合計《ごうけい》÷個数《こすう》

4個《こ》のみかんの重《おも》さをはかりました。
1個《こ》平均《へいきん》の重《おも》さは何《なん》gですか？

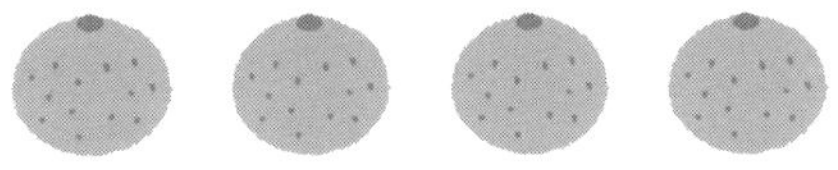

① 合計《ごうけい》（みかん4個分《こぶん》の重《おも》さ）を求《もと》める。

（ 90 ）＋（　　）＋（　　）＋（　　）＝（　　　）g

合計《ごうけい》

② 個数《こすう》でわる。

合計《ごうけい》　　個数《こすう》　　平均《へいきん》！

（　　　　）÷（ 4 ）＝（　　　）g

③ みかん1個《こ》平均《へいきん》の重《おも》さは、（　　　g）

答《こた》え　　g

スペシャル　問題《もんだい》！

今日《きょう》の田中君《たなかくん》のテストです。
「平均点《へいきんてん》」を求《もと》めましょう。

算数《さんすう》 90点《てん》
理科《りか》 70点《てん》
社会《しゃかい》 50点《てん》

式《しき》

答《こた》え　　点《てん》

（　　　）月（　　　）日（　　　）曜日

「平均」の計算②

1 ある5日間《かかん》の気温《きおん》の平均《へいきん》を求《もと》めましょう。

1日目《にちめ》	2日目《かめ》	3日目《かめ》	4日目《かめ》	5日目《かめ》
18℃	22℃	16℃	15℃	14℃

式《しき》

答《こた》え　　℃

2 ひまわりが5本《ほん》さいています。高《たか》さをはかると次《つぎ》のようでした。
ひまわり1本《ぽん》の平均《へいきん》の高《たか》さは何《なん》cmですか？

190cm　170cm　165cm　200cm　175cm

式《しき》

答《こた》え　　cm

3 4本《ほん》のさつまいもの重《おも》さをはかったら、次《つぎ》のようでした。
さつまいも1本《ぽん》の平均《へいきん》の重《おも》さは何《なん》gですか？

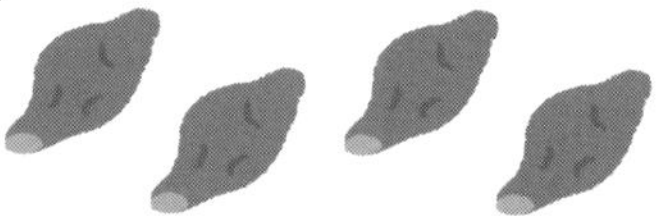

500g、498g、526g、516g

式《しき》

答《こた》え　　g

スペシャル　問題《もんだい》！

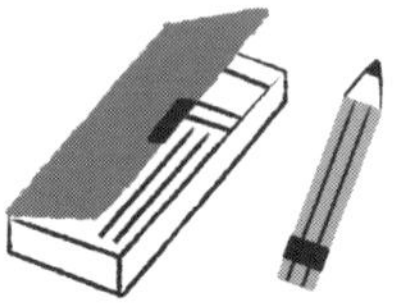

あなたの筆箱《ふでばこ》の中《なか》のえん筆《ぴつ》の長《なが》さを4本《ほん》はかって、1本平均《ぽんへいきん》の長《なが》さを求《もと》めてみましょう。

1本目《ぽんめ》	2本目《ほんめ》	3本目《ぼんめ》	4本目《ほんめ》
cm	cm	cm	cm

式《しき》

答《こた》え　　cm

すてっぷ
5
計算 28

(　　　　)月(　　　　)日(　　　　　　)曜日

「単位量あたり」の計算①

「単位量《たんいりょう》あたりの大《おお》きさ」を調《しら》べると、「1個あたりのねだん」などを比《くら》べることができます。次《つぎ》の問《と》いに答《こた》えましょう。

さくらスーパーのりんごと、はなまる商店《しょうてん》のりんごは、どちらが安《やす》いですか？

さくらスーパー

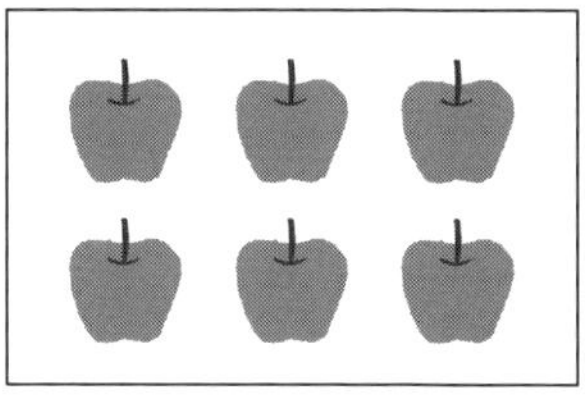

6個《こ》入《い》り　510円《えん》

1個《こ》あたりは
1ふくろのねだん ÷ 個数《こすう》
510 ÷ 6

1個《こ》あたり
円《えん》

はなまる商店《しょうてん》

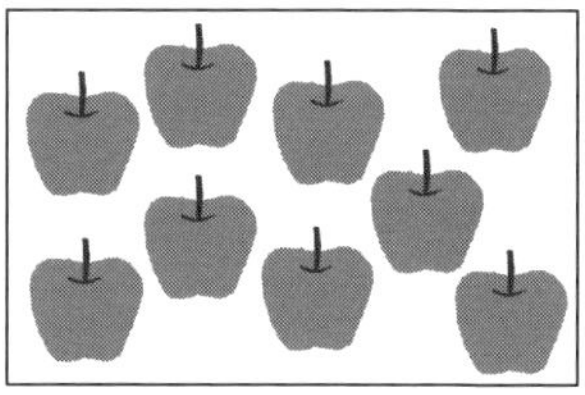

9個《こ》入《い》り　810円《えん》

1個《こ》あたりは
÷

1個《こ》あたり
円《えん》

答《こた》え
1個《こ》あたりのねだんが安《やす》いのは、　さくらスーパー　・　はなまる商店《しょうてん》

スペシャル　問題《もんだい》！

たまご1個《こ》あたりのねだんが一番安《いちばんやす》いお店《みせ》はどこですか？

Aスーパー
5個《こ》
250円《えん》

Bスーパー
8個《こ》
360円《えん》

Cスーパー
10個《こ》
400円《えん》

答《こた》え
スーパー

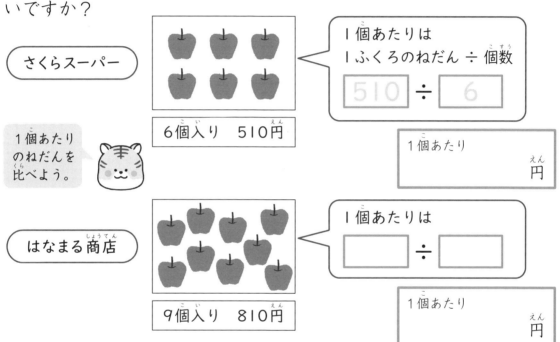

（　　　　）月（　　　　）日（　　　　）曜日

「単位量あたり」の計算②

5年《ねん》1組《くみ》と2組《くみ》の花《か》だんの面積《めんせき》と、ひまわりの本数《ほんすう》を比《くら》べてみました。どちらの花《か》だんが、混《こ》んでいますか？

	花《か》だんの面積《めんせき》（㎡）	ひまわりの本数《ほんすう》
5年《ねん》1組《くみ》	4㎡	16本《ぽん》
5年《ねん》2組《くみ》	12㎡	36本《ぽん》

1㎡あたりを比《くら》べてみると分《わ》かるね。

① 1組《くみ》の1㎡あたりのひまわりの本数《ほんすう》

式《しき》　ひまわりの本数《ほんすう》　　　　花《か》だんの面積《めんせき》
（　　　　　）÷（　　　　　）＝（　　　　　）

② 2組《くみ》の1㎡あたりのひまわりの本数《ほんすう》

式《しき》

答《こた》え　混《こ》んでいるのは5年《ねん》　　　組《くみ》の花《か》だん

スペシャル　問題《もんだい》！　①～③のどのジュースが一番安《いちばんやす》い？

①オレンジ
2L
500円《えん》

②りんご
3L
780円《えん》

③パイナップル
5L
900円《えん》

1L あたりのねだんを計算《けいさん》して比《くら》べよう。

答《こた》え　1L あたりで一番安《いちばんやす》いのは
①・②・③　です

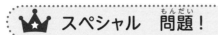

（　　　　）月（　　　　）日（　　　　　　）曜日

「割合」の計算①

割合《わりあい》……ある量《りょう》をもとにして、比《くら》べる量《りょう》がもとにする量《りょう》の何倍《なんばい》にあたるかを表《あらわ》した数《かず》のこと。

割合《わりあい》＝比《くら》べる量《りょう》÷もとにする量《りょう》

1 (月曜日《げつようび》)定員《ていいん》が100人《にん》の電車《でんしゃ》に、お客《きゃく》さんが120人《にん》乗《の》っています。

もとにする量《りょう》　　比《くら》べる量《りょう》

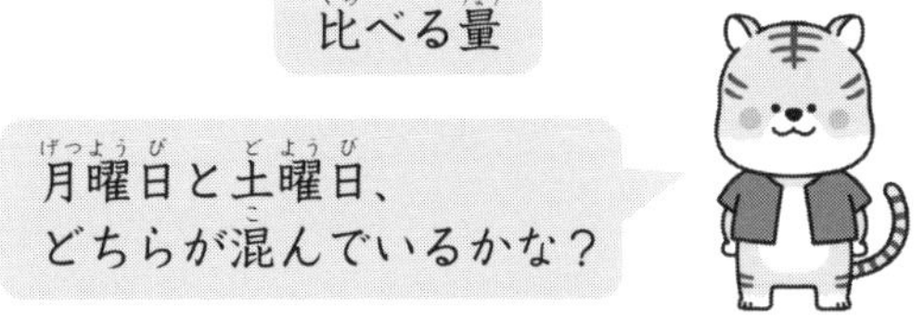

月 お客《きゃく》さんは定員《ていいん》の何倍《なんばい》ですか？

式《しき》　比《くら》べる量《りょう》　　　もとにする量《りょう》
（　　　　　）÷（　　　　　）＝（　　　　　）

答《こた》え
倍《ばい》

2 (土曜日《どようび》) 定員《ていいん》が100人《にん》の電車《でんしゃ》に、お客《きゃく》さんが80人《にん》乗《の》っています。

土 お客《きゃく》さんは定員《ていいん》の何倍《なんばい》ですか？

式《しき》　比《くら》べる量《りょう》　　　もとにする量《りょう》
（　　　　　）÷（　　　　　）＝（　　　　　）

答《こた》え
倍《ばい》

スペシャル　問題《もんだい》！

もとにする量《りょう》　　比《くら》べる量《りょう》

さくら小学校《しょうがっこう》のパソコンクラブの定員《ていいん》は25人《にん》ですが、希望者《きぼうしゃ》は30人《にん》でした。希望者《きぼうしゃ》は定員《ていいん》の何倍《なんばい》でしたか？

式《しき》　比《くら》べる量《りょう》　　　もとにする量《りょう》
（　　　　　）÷（　　　　　）＝（　　　　　）

答《こた》え
倍《ばい》

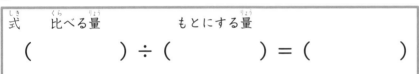

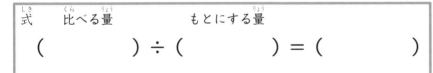

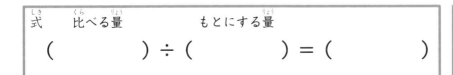

（　　　　）月（　　　　）日（　　　　）曜日

「割合」の計算②

割合《わりあい》を使《つか》って、「比《くら》べる量《りょう》」「もとにする量《りょう》」が求《もと》められます。

比《くら》べる量《りょう》＝もとにする量《りょう》×割合《わりあい》

もとにする量《りょう》＝比《くら》べる量《りょう》÷割合《わりあい》

1 さきさんの貯金《ちょきん》は8000円《えん》あります。目標《もくひょう》としているお金《かね》はその1.5倍《ばい》です。 もとにする量《りょう》

目標《もくひょう》としているお金《かね》は、何円《なんえん》ですか。

式《しき》　もとにする量《りょう》　割合《わりあい》

（　　　　）×（　　　　）＝（　　　　）

答《こた》え　　円《えん》

2 しんくんの兄《あに》の体重《たいじゅう》は48kgで、しんくんの体重《たいじゅう》のちょうど1.2倍《ばい》です。 比《くら》べる量《りょう》

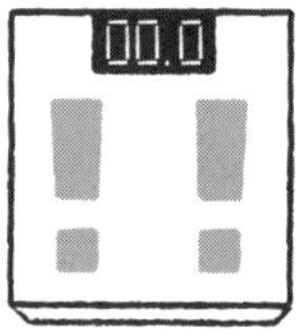

しんくんの体重《たいじゅう》は、何《なん》kgですか。

式《しき》　比《くら》べる量《りょう》　割合《わりあい》

（　　　　）÷（　　　　）＝（　　　　）

答《こた》え　　kg

スペシャル　問題《もんだい》！

あなたの今《いま》と小学校《しょうがっこう》1年生《ねんせい》の時《とき》を比《くら》べて、割合《わりあい》を求《もと》めてみましょう！

体重《たいじゅう》・身長《しんちょう》・覚《おぼ》えた漢字《かんじ》の数《かず》・50ｍ走《そう》のタイム・年令《ねんれい》

この中《なか》から、比《くら》べるものを1つ選《えら》ぼう！

式《しき》　比《くら》べる量《りょう》 今《いま》　もとにする量《りょう》 小《しょう》1

（　　　　）÷（　　　　）＝（　　　　）

答《こた》え　　倍《ばい》

（　　　）月（　　　）日（　　　　　）曜日

「割合」の計算③

百分率《ひゃくぶんりつ》……全体《ぜんたい》を100%として表《あらわ》す割合《わりあい》のこと。

1＝100%　0.1＝10%　0.01＝1%

1 100人《にん》のうちの人数《にんずう》を百分率《ひゃくぶんりつ》で表《あらわ》してみましょう。

100人《にん》のうち

① 100人《にん》は（　100　%）
② 50人《にん》は（　　　%）
③ 10人《にん》は（　　　%）
④ 1人《ひとり》は（　　　%）

半分《はんぶん》のことだね。

2 百分率《ひゃくぶんりつ》を、買《か》い物《もの》で考《かんが》えてみます。

1200円《えん》

20%引《び》きのねだん…20%は0.2だから

20%

1200 × 0.2 ＝（　　　　円《えん》）

20%引《び》き

1200 −（　　　円《えん》）＝（　　　円《えん》）

答《こた》え
円《えん》

スペシャル　問題《もんだい》！

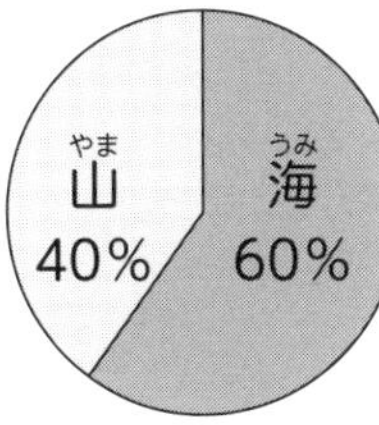

5年生《ねんせい》200人全員《にんぜんいん》に海《うみ》と山《やま》とどちらが好《す》きかを聞《き》いてみた割合《わりあい》です。それぞれの人数《にんずう》を求《もと》めましょう。

海《うみ》が好《す》き
人《にん》

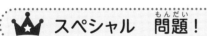

山《やま》が好《す》き
人《にん》

すてっぷ
5
計算 33

（　　　）月（　　　）日（　　　）曜日

「速さ」の計算①

速《はや》さ……単位時間《たんいじかん》に進《すす》む道《みち》のり（道《みち》の長《なが》さ）

時速《じそく》：1時間《じかん》あたりに進《すす》む道《みち》のり
分速《ふんそく》：1分《ぷん》あたりに進《すす》む道《みち》のり
秒速《びょうそく》：1秒《びょう》あたりに進《すす》む道《みち》のり

速《はや》さ＝道《みち》のり÷時間《じかん》

例《れい》 時速《じそく》60kmは、1時間《じかん》に60km進《すす》む速《はや》さのこと。

２台《だい》の自転車《じてんしゃ》の速《はや》さを求《もと》めて、比《くら》べてみましょう。

① 600ｍを４分間《ふんかん》で進《すす》む自転車《じてんしゃ》の速《はや》さ（分速《ふんそく》）は？

式《しき》　道《みち》のり　時間《じかん》　速《はや》さ

（　600　）÷（　4　）＝（　　　）

分速《ふんそく》　　　m

1分間《ぷんかん》に進《すす》む道《みち》のり（きょり）

② 960ｍを6分間《ぷんかん》で進《すす》む自転車《じてんしゃ》の速《はや》さは？

式《しき》　道《みち》のり　時間《じかん》　速《はや》さ

（　　　）÷（　　　）＝（　　　）

分速《ふんそく》　　　m

速《はや》いのは（ ① ・ ② ）の自転車《じてんしゃ》。

スペシャル　問題《もんだい》！

あなたは50ｍを何秒《なんびょう》で走《はし》りますか？
速《はや》さを計算《けいさん》してみましょう！

式《しき》　50m ÷（　　　）秒《びょう》＝秒速《びょうそく》（　　　）m

あなたのタイム

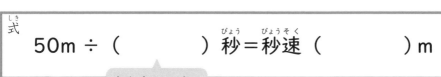

すてっぷ 5
計算 34

（　　　　）月（　　　　）日（　　　　）曜日

「速さ」の計算②

「道《みち》のり」「時間《じかん》」も求《もと》めることができます。

道《みち》のり＝速《はや》さ×時間《じかん》　時間《じかん》＝道《みち》のり÷速《はや》さ

1 ２台《だい》の車《くるま》が進《すす》んだ道《みち》のりを求《もと》めましょう。どちらが多《おお》く進《すす》んだかな？

① 

時速《じそく》60kmで3時間走《じかんはし》ると、進《すす》む道《みち》のりは・・・

（　60　）×（　3　）＝（　　　　）km

② 

時速《じそく》70kmで2.5時間走《じかんはし》ると、進《すす》む道《みち》のりは・・・

（　　　　）×（　　　　）＝（　　　　）km

2 りょうくんの家《いえ》から学校《がっこう》までの道《みち》のりは600ｍです。次《つぎ》の時間《じかん》を求《もと》めましょう。

① 

分速《ふんそく》75ｍで歩《ある》くと、学校《がっこう》まで何分《なんぷん》かかりますか？

（　600　）÷（　75　）＝（　　　　）分《ふん》

② 

お姉《ねえ》さんの自転車《じてんしゃ》は、分速《ふんそく》200ｍです。学校《がっこう》まで何分《なんぷん》かかりますか？

（　　　　）÷（　　　　）＝（　　　　）分《ふん》

スペシャル問題《もんだい》！

時速《じそく》30kmで５時間走《じかんはし》ると、何《なん》km進《すす》みますか？

答《こた》え　　　　km

すてっぷ
5
計算

（　　　　）月（　　　　）日（　　　　　　）曜日

練習プリント①小数の計算

CD-ROM プリントしてつかおう！

小数《しょうすう》のかけ算《ざん》・わり算《ざん》の計算問題《けいさんもんだい》を作《つく》って解《と》きましょう。
（49～54ページを参考《さんこう》にしよう！）

（1）

（2）

（3）

スペシャル　問題《もんだい》！　小数《しょうすう》の文章問題《ぶんしょうもんだい》を作《つく》って解《と》きましょう。

式《しき》

答《こた》え

（　　　）月（　　　）日（　　　）曜日

練習プリント②分数の計算

CD-ROM プリントしてつかおう!

分数《ぶんすう》の足《た》し算《ざん》・引《ひ》き算《ざん》の計算問題《けいさんもんだい》を作《つく》って解《と》きましょう。
（61～65ページを参考《さんこう》にしよう！）

（1）

（2）

（3）

スペシャル　問題《もんだい》！

分数《ぶんすう》の文章問題《ぶんしょうもんだい》を作《つく》って解《と》きましょう。

式《しき》

答《こた》え

（　　　）月（　　　）日（　　　）曜日

チャレンジテスト１

次《つぎ》の計算《けいさん》をしましょう。

(1) 3.6×7

(2) 0.35×1.25

(3) 0.48÷0.3

(4) 6.2÷0.4

わり切《き》れるまで
計算《けいさん》しよう！

次《つぎ》の問《と》いに答《こた》えましょう。

(5) 3と5の公倍数《こうばいすう》を、小《ちい》さいほうから順《じゅん》に3つ書《か》きましょう。

、　、

(6) 3と5の最小公倍数《さいしょうこうばいすう》は何《なん》ですか？

次《つぎ》の問《と》いに答《こた》えましょう。

(7) 18と24の公約数《こうやくすう》を全《すべ》て書《か》きましょう。

、　、　、

(8) 18と24の最大公約数《さいだいこうやくすう》は何《なん》ですか？

(9) ゆうくんは、算数《さんすう》のテストを3回受《かいう》けました。点数《てんすう》の平均《へいきん》を求《もと》めましょう。

1回目《かいめ》	2回目《かいめ》	3回目《かいめ》
72点《てん》	86点《てん》	94点《てん》

式《しき》

答《こた》え　　　　点《てん》

(10) みかん1個《こ》あたりのねだんを計算《けいさん》しましょう。

320円《えん》

式《しき》

答《こた》え　　　　円《えん》

10問中《もんちゅう》、何問合《なんもんあ》っていましたか？　問《もん》／10問《もん》

すてっぷ
5
計算

（　　　）月（　　　）日（　　　）曜日

チャレンジテスト2

次《つぎ》の計算《けいさん》をしましょう。

(1) $\frac{1}{3}+\frac{3}{4}$

(2) $\frac{7}{5}-\frac{1}{3}$

(3) $1\frac{1}{2}+2\frac{2}{5}$

(4) $3\frac{1}{8}-\frac{5}{12}$

次《つぎ》の問《と》いに答《こた》えましょう。

(5) $\frac{2}{5}$を小数《しょうすう》で表《あらわ》しましょう。

(6) 0.8を分数《ぶんすう》で表《あらわ》しましょう。

次《つぎ》の問《と》いに答《こた》えましょう。

(7) 70%を小数《しょうすう》で表《あらわ》しましょう。

答《こた》え

(8) 1500円《えん》のT《ティー》シャツが70%のねだんで売《う》られています。何円《なんえん》ですか?

式《しき》

答《こた》え　円《えん》

(9) 180kmの道《みち》のりを、3時間《じかん》で走《はし》る車《くるま》の速《はや》さを求《もと》めましょう。

式《しき》

答《こた》え　時速《じそく》　km

(10) 時速《じそく》70kmで2時間走《じかんはし》ると、何《なん》km進《すす》みますか?

式《しき》

答《こた》え　km

10問中《もんちゅう》、何問合《なんもんあ》っていましたか?　問《もん》/10問《もん》

答え

すてっぷ 5 計算

●46ページ【計算1】

(1) 59　(2) 142あまり3

(3) 58　(4) 76

【スペシャル問題《もんだい》】

答《こた》え　12 (羽《わ》)

●47ページ【計算2】

[1] (1) 292.5　(2) 0.29

[2] (1) $\frac{15}{7}$ ($2\frac{1}{7}$)　(2) $\frac{14}{9}$ ($1\frac{5}{9}$)

【スペシャル問題《もんだい》】

仮分数《かぶんすう》 $\frac{17}{6}$　帯分数《たいぶんすう》 $2\frac{5}{6}$

●48ページ【計算3】

(1) 324　(2) 70　(3) 8

(4) 79　(5) 93　(6) 16

【スペシャル問題《もんだい》】

式《しき》　1000－(470＋385)＝145

答《こた》え　145 (円《えん》)

●49ページ【計算4】

(1) 14.11　(2) 17.4

【スペシャル問題《もんだい》】

式《しき》　4.5×7.3＝32.85　答《こた》え　32.85(㎠)

●50ページ【計算5】

(1) 2.795　(2) 29.52

(3) 5.925　(4) 1.0725

【スペシャル問題《もんだい》】

答《こた》え　めい (さん)

●51ページ【計算6】

(1) 8.3　(2) 210

【スペシャル問題《もんだい》】

答《こた》え　8 (ふくろ)

●52ページ【計算7】

(1) 1.4あまり0.07

(2) 13.3あまり0.037

【スペシャル問題《もんだい》】

(1) の確《たし》かめ算《ざん》：

2.4×1.4+0.07＝3.43

●53ページ【計算8】

(1) 4.75　(2) 6.25

【スペシャル問題《もんだい》】

答《こた》え　2.8 (m)

●54ページ【計算9】

(1) 3.1　(2) 3.9　(3) 8.375　(4) 1.5

【スペシャル問題《もんだい》】

答《こた》え　35÷0.7

●55ページ【計算10】

(1) 5, 10, 15, 20, 25

(2) 7, 14, 21, 28, 35

(3) 10, 20, 30, 40, 50

【スペシャル問題《もんだい》】

4, 64, 84

●56ページ【計算11】

(1) 12、24、36　(2) 18、36、54

【スペシャル問題《もんだい》】

2	33	16	14	35	25
4	9	18	31	27	15
6	23	20	1	19	5
8	11	22	21	7	36
10	3	24	29	13	34
12	17	26	28	30	32

…2の倍数《ばいすう》

…5の倍数《ばいすう》

…2と5の倍数《ばいすう》

10の形《かたち》に
なるよ。

●57ページ【計算12】

(1) 1, 2, 3, 6

(2) 1, 2, 3, 4, 6, 12

【スペシャル問題《もんだい》】

1	2	3	4	5	6	7	8	9	10
(○)	(○)	(×)	×	○	×	×	×	×	○

●58ページ【計算13】

(1)

8の約数《やくすう》	①	②	④	8		
12の約数《やくすう》	①	②	3	④	6	12

最大公約数《さいだいこうやくすう》は4

(2)

12の約数《やくすう》	①	②	3	④	6	12
16の約数《やくすう》	①	②	④	8	16	

最大公約数《さいだいこうやくすう》は4

【スペシャル問題《もんだい》】

24の約数《やくすう》	①	②	3	④	6	⑧	12	24
32の約数《やくすう》	①	②	④	⑧	16	32		

答《こた》え　8（グループ）

●59ページ【計算14】

（例《れい》）$\frac{2}{3}$　（1）$\frac{1}{4}$　（2）$\frac{5}{6}$　（3）$\frac{1}{5}$　（4）$\frac{5}{8}$

【スペシャル問題《もんだい》】

$\frac{2}{3}=\frac{4}{6}=\frac{6}{9}$

●60ページ【計算15】

（例《れい》）（$\frac{16}{20}$、$\frac{15}{20}$）

（1）（$\frac{3}{6}$、$\frac{4}{6}$）

（2）（最小公倍数《さいしょうこうばいすう》は）10、（$\frac{4}{10}$、$\frac{9}{10}$）

【スペシャル問題《もんだい》】

（$\frac{9}{24}$、$\frac{16}{24}$、$\frac{12}{24}$）

●61ページ【計算16】

（1）$\frac{4}{8}+\frac{1}{8}=\frac{5}{8}$　（2）$\frac{12}{15}+\frac{5}{15}=\frac{17}{15}$

【スペシャル問題《もんだい》】

答《こた》え　$\frac{7}{10}$（L）

●62ページ【計算17】

（1）$\frac{12}{20}-\frac{5}{20}=\frac{7}{20}$　（2）$\frac{25}{30}-\frac{16}{30}=\frac{9}{30}=\frac{3}{10}$

【スペシャル問題《もんだい》】

答《こた》え　$\frac{1}{6}$（L）

●63ページ【計算18】

（例《れい》）　$\frac{49}{20}$

（1）$\frac{9}{7}-\frac{5}{4}=\frac{36}{28}-\frac{35}{28}=\frac{1}{28}$

（2）$\frac{7}{3}+\frac{3}{2}=\frac{14}{6}+\frac{9}{6}=\frac{23}{6}$

【スペシャル問題《もんだい》】

答《こた》え　$\frac{51}{14}$（km）

●64ページ【計算19】

（例《れい》）$\frac{15}{20}+\frac{8}{20}-\frac{14}{20}=\frac{9}{20}$

（1）$\frac{50}{20}-\frac{12}{20}-\frac{5}{20}=\frac{33}{20}$

（2）$\frac{8}{12}-\frac{3}{12}+\frac{10}{12}=\frac{15}{12}=\frac{5}{4}$

【スペシャル問題《もんだい》】

答《こた》え　$\frac{25}{24}$（L）

●65ページ【計算20】

[1]（1）（$\frac{9}{24}$，$\frac{16}{24}$，$\frac{12}{24}$）

（2）（$\frac{15}{30}$，$\frac{18}{30}$，$\frac{25}{30}$）

[2]（1）$\frac{1}{12}$　（2）$\frac{3}{20}$

【スペシャル問題《もんだい》】

答《こた》え　$\frac{3}{2}$（L）

●66ページ【計算21】

（1）$\frac{20}{36}=\frac{5}{9}<\frac{7}{12}=\frac{21}{36}$

（2）$\frac{9}{30}=\frac{3}{10}>\frac{1}{6}=\frac{5}{30}$

【スペシャル問題《もんだい》】

$\frac{27}{24}$（L），$\frac{20}{24}$（L）

答《こた》え　オレンジジュース（のほうが多《おお》い。）

●67ページ【計算22】

（1）$\frac{1}{6}$　（2）$\frac{4}{7}$　（3）$\frac{5}{13}$　（4）$\frac{20}{3}$

【スペシャル問題《もんだい》】

答《こた》え　$\frac{2}{7}$（L）

●68ページ【計算23】

（1）3÷4＝0.75　（2）7÷5＝1.4

（3）2.5　（4）2.25

【スペシャル問題《もんだい》】

1.25（$\frac{5}{4}$）>1.2（$\frac{6}{5}$）>1.15>0.7

●69ページ【計算24】

（1）$\frac{73}{100}$　（2）$\frac{2}{5}$　（3）$\frac{8}{10}=\frac{4}{5}$

（4）$\frac{32}{10}=\frac{16}{5}$

【スペシャル問題《もんだい》】

（1）$\frac{7}{1}$　（2）$\frac{13}{1}$　（3）$\frac{21}{1}$

●70ページ【計算25】

[1]（1）852－527＝325

（2）289+614＝903

[2]（1）1440÷45＝32

（2）26×14＝364

●71ページ【計算26】

①（90+）76+80+74＝320

②320（÷4）＝80

③（みかん1個《こ》平均《へいきん》の重《おも》さは、）80（g）

答《こた》え　80（g）

【スペシャル問題《もんだい》】

式《しき》　90+70+50＝210　210÷3＝70

答《こた》え　70（点《てん》）

●72ページ【計算27】

[1]式《しき》　18+22+16+15+14＝85

85÷5＝17　答《こた》え　17（℃）

[2]190+170+165+200+175＝900

900÷5＝180　答《こた》え　180（㎝）

[3]式《しき》　500+498+526+516＝2040

2040÷4＝510　答《こた》え　510（g）

●73ページ【計算28】

[1]さくらスーパー：（1個《こ》あたり）85（円《えん》）

はなまる商店《しょうてん》：810÷9

(1個《こ》あたり) 90 (円《えん》)

答《こた》え　(1個《こ》あたりのねだんが安《やす》いのは、)
　　さくらスーパー

【スペシャル問題《もんだい》】

答《こた》え　C (スーパー)

●74ページ【計算29】

①式《しき》　16÷4＝4　②式《しき》　36÷12＝3

答《こた》え　(混《こ》んでいるのは5年《ねん》) 1 (組《くみ》の花《か》だん)

【スペシャル問題《もんだい》】

(1L あたりで一番安《いちばんやす》いのは) ③ (です)

●75ページ【計算30】

1 120÷100＝1.2　答《こた》え　1.2 (倍《ばい》)

2 80÷100＝0.8　答《こた》え　0.8 (倍《ばい》)

【スペシャル問題《もんだい》】

式《しき》　30÷25＝1.2　答《こた》え　1.2 (倍《ばい》)

●76ページ【計算31】

1 式《しき》　8000×1.5＝12000

答《こた》え　12000 (円《えん》)

2 式《しき》　48÷1.2＝40　答《こた》え　40 (kg)

●77ページ【計算32】

1 ①100 (%)　②50 (%)
　③10 (%)　④1 (%)

2 (1200×0.2＝) 240 (円《えん》)
　(1200－(240円《えん》)＝) 960 (円《えん》)
　答《こた》え　960 (円《えん》)

【スペシャル問題《もんだい》】

海《うみ》が好《す》き：200×0.6＝120　120 (人《にん》)

山《やま》が好《す》き：200×0.4＝80　80 (人《にん》)

●78ページ【計算33】

① (600÷4) ＝150　(分速《ふんそく》) 150 (m)

②960÷6＝160　(分速《ふんそく》) 160 (m)
　答《こた》え　(速《はや》いのは) ② (の自転車《じてんしゃ》。)

●79ページ【計算34】

1 ① (60×3＝) 180 (km)
　②70×2.5＝175 (km)

2 ① (600÷75＝) 8 (分《ふん》)
　②600÷200＝3 (分《ぷん》)

【スペシャル問題《もんだい》】

150 (km)

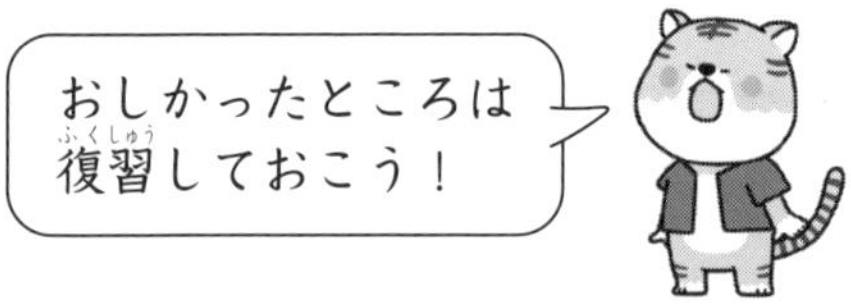

おしかったところは
復習《ふくしゅう》しておこう！

●82ページ【チャレンジテスト1】

次《つぎ》の計算《けいさん》をしましょう。

(1) 3.6×7＝25.2

(2) 0.35×1.25=0.4375

(3) 0.48÷0.3＝1.6

(4) 6.2÷0.4＝15.5

わり切《き》れるまで計算《けいさん》しよう！

次《つぎ》の問《と》いに答《こた》えましょう。

(5) 3と5の公倍数《こうばいすう》を、小《ちい》さいほうから順《じゅん》に3つ書《か》きましょう。

15、30、45

(6) 3と5の最小公倍数《さいしょうこうばいすう》は何《なん》ですか？

15

次《つぎ》の問《と》いに答《こた》えましょう。

(7) 18と24の公約数《こうやくすう》を全《すべ》て書《か》きましょう。

1、2、3、6

(8) 18と24の最大公約数《さいだいこうやくすう》は何《なん》ですか？

6

(9) ゆうくんは、算数《さんすう》のテストを3回《かい》受《う》けました。点数《てんすう》の平均《へいきん》を求《もと》めましょう。

1回目《かいめ》	2回目《かいめ》	3回目《かいめ》
72点《てん》	86点《てん》	94点《てん》

式《しき》 72+86+94＝252
252÷3＝84

答《こた》え　84 点《てん》

(10) みかん1個《こ》あたりのねだんを計算《けいさん》しましょう。

320円

式《しき》 320÷4＝80

答《こた》え　80 円《えん》

●83ページ【チャレンジテスト2】

次《つぎ》の計算《けいさん》をしましょう。

(1) $\frac{1}{3}+\frac{3}{4}=\frac{4}{12}+\frac{9}{12}$
$=\frac{13}{12}$

(2) $\frac{7}{5}-\frac{1}{3}=\frac{21}{15}-\frac{5}{15}$
$=\frac{16}{15}$

(3) $1\frac{1}{2}+2\frac{2}{5}=\frac{3}{2}+\frac{12}{5}$
$=\frac{15}{10}+\frac{24}{10}=\frac{39}{10}$

(4) $3\frac{1}{8}-\frac{5}{12}=\frac{25}{8}-\frac{5}{12}$
$=\frac{75}{24}-\frac{10}{24}$
$=\frac{65}{24}$

次《つぎ》の問《と》いに答《こた》えましょう。

(5) $\frac{2}{5}$を小数《しょうすう》で表《あらわ》しましょう。

0.4

(6) 0.8を分数《ぶんすう》で表《あらわ》しましょう。

$(\frac{8}{10})$ $\frac{4}{5}$

次《つぎ》の問《と》いに答《こた》えましょう。

(7) 70%を小数《しょうすう》で表《あらわ》しましょう。

答《こた》え　0.7

(8) 1500円《えん》のT《ティー》シャツが70%のねだんで売《う》られています。何円《なんえん》ですか？

式《しき》

1500×0.7＝1050

答《こた》え　1050 円《えん》

(9) 180kmの道《みち》のりを、3時間《じかん》で走《はし》る車《くるま》の速《はや》さを求《もと》めましょう。

式《しき》

180÷3＝60

答《こた》え　時速《じそく》 60 km

(10) 時速《じそく》70kmで2時間走《じかんはし》ると、何《なん》km進《すす》みますか？

式《しき》

70×2＝140

答《こた》え　140 km

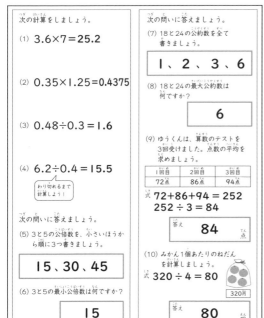

執筆者紹介

伊庭葉子（いば・ようこ）［監修］

株式会社 Grow-S 代表取締役（特別支援教育士）
1990年より発達障害をもつ子どもたちの学習塾「さくらんぼ教室」を展開。生徒一人ひとりに合わせた学習指導、SST（ソーシャル・スキル・トレーニング）指導を実践している。教材の出版、公的機関との連携事業、講演や教員研修なども行っている。

小寺絢子（こでら・あやこ）

株式会社 Grow-S 教室運営部・教務リーダー
さくらんぼ教室・教室長を歴任。わかりやすく楽しい学習指導、SST指導を実践している。現在は教務リーダーとして、学習やSSTのカリキュラム作成、教材作成、人材育成など幅広く担当している。

株式会社 Grow-S　さくらんぼ教室

勉強が苦手な子ども、発達障害をもつ子どものための学習塾。1990年の開設以来、「自分らしく生きるために、学ぼう。」をスローガンに、一人ひとりに合わせた学習指導、SST指導を実践している。千葉県・東京都・神奈川県・茨城県の13教室で2歳～社会人まで2,500人が学習中（2021年3月現在）。教材の出版、学校での出張授業や研修、発達障害理解・啓発イベントなども行う。
さくらんぼ教室ホームページ
http://www.sakuranbo-class.com/

CD-ROM付き
自分のペースで学びたい子のための
サポートドリル　漢字・計算　すてっぷ5

2021年9月10日　初版第1刷発行

監　修　伊庭葉子
著　小寺絢子
発行者　花岡萬之
発行所　学事出版株式会社
〒101-0021　東京都千代田区外神田2-2-3
電話03-3255-5471
HPアドレス　https://www.gakuji.co.jp

企画　三上直樹
編集協力　狩生有希（株式会社桂樹社グループ）
デザイン・装丁　中田聡美
印刷・製本　研友社印刷株式会社

ISBN 978-4-7619-2708-0 C3037